MI FILOSOFÍA
CAMBIÓ

MI FILOSOFÍA CAMBIÓ

JORGE CABRALES

Número de Control de la Biblioteca del Congreso de EE. UU.:   2014915385
ISBN: Tapa Dura   978-1-4633-9065-5
                   Tapa Blanda   978-1-4633-9066-2
                   Libro Electrónico   978-1-4633-9067-9

Para realizar pedidos de este libro, contacte con:
Palibrio
1663 Liberty Drive
Suite 200
Bloomington, IN 47403
Gratis desde EE. UU. al 877.407.5847
Gratis desde México al 01.800.288.2243
Gratis desde España al 900.866.949
Desde otro país al +1.812.671.9757
Fax: 01.812.355.1576
ventas@palibrio.com
663334

ÍNDICE

PRÓLOGO

Algunas declaraciones y argumentos presentados en este libro, fueron confrontados con la biblia que es la autoridad suprema de Dios, la cual declara el futuro de nuestra existencia y el propósito del perdón de nuestros pecados para alcanzar la vida eterna.

Los acontecimientos que hoy en día se manifiestan en nuestra vida diaria confirman la veracidad o exactitud de la palabra de Dios; dejando así, un legado de amor sobre toda la humanidad sin excepción de raza o etnia, en la persona de nuestro Señor Jesucristo como único salvador del ser humano. Así que nuestra fe y esperanza sobre el futuro, deben estar alineada con el espíritu profético del Señor Jesús de modo que solo él puede revelar lo que acontecerá en lo por venir.

AGRADECIMIENTO

Agradezco y doy gracias a Dios de todo corazón en el nombre de Jesús, el haberme inspirado y guiado en la realización de este libro por medio del Espíritu Santo; a él sea la honra la gloria por los siglos de los siglos. Amén.

DEDICATORIA

Dedico este libro a mi amada esposa; Adelaida Quiala por su perseverancia de amor y fe, para predicar el evangelio de Jesucristo a toda criatura.

También dedico este libro a los afligidos, a los que han perdido la esperanza de un camino mejor, a los pobres, los enfermos y desamparados. A todo ellos los bendigo en el nombre de Jesús. Amén.

Mi formación social

Nací en la ciudad de Guantánamo – Cuba, el 15 de abril de 1959, tres meses después del triunfo de la revolución. Soy el primer hijo de una familia que luego culminaría con un total de cinco que tuvieron mis padres: Faustina Limónta y Miguel Ángel Cabrales Garridos, naturales de la provincia de Guantánamo. Descendencia de familia pobre, quienes sobrevivieron debido al gran esfuerzo de trabajo en los cañaverales. Mi padre que por cuarenta y dos años trabajó en el central azucarero "El Salvador" en el oficio de herrero, y mi madre que hacía labores de ama de casa, y a su vez lavaba ropas para colaborar con los gastos de la familia, un trabajo fuerte por un salario mínimo, con el cual apenas podíamos subsistir.

El 1 de enero de 1959 fue el año en que triunfó la revolución en Cuba; en estos días, así como los aniversarios del 26 de julio; se podían ver movilizaciones de preparación del pueblo para la guerra, marchas de solidaridad con la revolución; actos, compromisos y orientaciones revolucionarias. Las calles eran engalanadas con banderas cubanas y de otros países amigos, banderas alegóricas a la fecha conmemorativa por el triunfo de la revolución y su nuevo carácter socialista. Verdaderamente fueron días inolvidables para el pueblo que esperaba con regocijo todos los años su acontecimiento, por los momentos de muchas fiestas y comidas.

En aquel entonces vivíamos Guantánamo, en una casita de madera, el techo era de sin, el piso de tierra, además tenía un

1

patio de cómo veinte metros de largo, donde teníamos el baño y la letrina. Más atrás del patio había un árbol de toronja y otro de mango. Las calles eran en esa zona de tierra, por lo que se podía ver a cada instante una polvareda, donde era imposible ver, las casas más alejadas.

La situación fue bien difícil en los primeros años de la revolución, pasábamos mucha hambre, muchas veces comíamos harina de maíz solamente con sal o plátano hervido, no teníamos agua, había que buscarla en otro lugar con una vasija; por eso mi madre siempre debía de ir al río Guaso para lavar las ropas y darnos un chapuzón. En esos primeros años no teníamos televisor; íbamos mis hermanos y yo a casa de un vecino para mirar la televisión por la ventana; porque tampoco te dejaban pasar, muy pocas personas tenían estos equipos de entretenimientos.

En 1963 cuando el ciclón flora pasó por las provincias orientales entre los días del cuatro al ocho de octubre, yo tenía cuatro años. Esta fue, una de las experiencias más peligrosas que yo me vi involucrado, recuerdo como los árboles volaban por la velocidad del viento, los techos de las casas eran arrancados de su lugar. Nuestra casa de madera se encontraba entre dos casas más fuertes, ya que su construcción era de ladrillo, lo cual nos protegían un poco de los fuertes vientos laterales. No obstante, debido a la situación de peligro todos teníamos miedo, las ráfagas y vientos huracanados eran tan acelerado que llegaban hasta ciento veinte km/h. En algunos lugares como Granma, los vientos fueron de ciento cincuenta Km/h. En esa provincia hubo un reporte de mil muertos. A pesar de mi corta edad podía percibir el peligro del huracán, casi no dormíamos, estábamos juntos en el lugar más seguro dentro de la casa, agachados, con la mirada hacia el techo, y rogando para que no fuera desprendido por el viento. Ya en esa época mis dos hermanos habían nacido.

Recuerdo que yo tuve esa noche la primera experiencia espiritual que nunca he olvidado, fue cuando en uno de esos momentos tan difíciles mi madre había hecho un altar donde puso el retrato de una virgen, y retratos de algunas deidades. Además sobre una mesa colocó algunos vasos con agua, una cruz, e incluso había colocado gajos, ramas y flores. Después mi madre nos presentó junto al altar, a mis dos hermanos y a mí. Arrodillada ella, yo podía ver como mi madre le pedía a Dios y a la virgen por protección de nuestras vidas, y la de ella.

Estábamos en aquel lugar desamparados en medio de una situación infernal, no hubo evacuación y muchas personas prefirieron quedarse en su casa. Por otro lado mi papá andaba alrededor de la casa, arreglando algunas partes que se habían dañados con los fuertes vientos, poniendo más tablas sobre las puertas y ventanas, además había entrada de agua por el techo, lo cual parecía una regadera de la pésima condición en que se encontraba el mismo.

El hecho de que mi madre se arrodillara delante de un altar, donde había diferentes imágenes y objetos religioso. Ese momento tan difícil llamó mi atención, y que por lo menos había algo que nos protegía, de los embates de la naturaleza y de cualquier peligro. Claro yo era un niño; por tanto, era ignorante a la idolatría; de la misma manera mis padres, ni ellos mismos conocían el peligro de ser idólatra, ya que ellos nunca habían oído hablar del Gran Yo soy (Jesucristo es el Señor).

Mi madre tenía un grado de escolaridad de cuarto grado y mi padre alcanzó un segundo grado, debido a su condición de ser unos humildes campesinos no pudieron estudiar. En el caso de mi padre, nunca lo vi devoto de alguna secta religiosa ni haciendo trabajo de brujería ni participando en algunos ritos a entidades demoníacas. Sin embargo, la madre de mi papá le gustaba el espiritismo, siempre estaba en la misa de los muertos haciendo algún trabajo; además había en su casa muchos altares lleno de vasos con agua, flores, fotos y objetos dedicado a los muertos.

Recuerdo que en casa de mi abuela había retratos e imágenes de yeso y de ídolos.

También cuando yo tenía trece años, mientras practicaba atletismo en el área especial de Guantánamo, donde había un Pre -universitario: Una tarde mientras yo estaba haciendo ejercicios de fuerza muscular, me cayó una pesa en la parte de arriba del pie derecho, lo cual me produjo un dolor intenso, de modo que yo no podía correr ni siquiera mover el metatarso. Por lo tanto, tuve que tomar algunos días de descanso en casa; pero no mejoraba el pie y seguía hinchado. Entonces mi padre hijo de mi abuela la espiritista, al ver que yo siempre me estaba quejando y no salía de la casa, decidió llevarme donde mi abuela para que me hiciera un trabajo espiritual que sanara el pie. Pocos días después, yo no tenía el dolor en el pie; no sé, si el haber ido a casa de mi abuela me sanó o no; porque pasaron muchos días cuando desapareció el dolor causado por el accidente. Pues ahora que he leído la palabra de Dios, reconozco que el enemigo tiene un poder limitado; el cual utiliza para engañar y desviar a la humanidad del camino de Dios. El enemigo vino para robar, matar y destruir. También es un imitador y falsificador, siempre ha querido robarle la gloria a Dios, esa fue la razón por la cual fue expulsado del cielo. Mas Cristo Jesús el hijo de Dios, vino para darnos vida y vida en abundancia, el venció las fuerzas del mal en la Cruz del Calvario. Su sangre nos liberta de las tinieblas, él es nuestro libertador y redentor. A través de Jesús y nuestra fe en Él, somos hechos hijos de Dios y coherederos de su reino. ¡Por sus llagas somos nosotros sanados, Aleluya!

En la etapa de mi temprana edad, yo tuve una formación influenciada, por una nueva sociedad, dirigida por un partido revolucionario; la cual me inculcó los valores y sentimientos revolucionarios socialista, y del internacionalismo proletario.

Hubo tres factores de formación social, que determinaron el desarrollo de la personalidad filosófica, ideológica e integral de mi vida, para poder conectarme con la sociedad, y poder determinar; qué era lo bueno y lo malo sin la ayuda de Dios; porque yo lo desconocía, por lo tanto no existía para mí.

Estos factores de formación social fueron:

1- Factor de formación Moral.
2- Factor de formación Educativa.
3- Factor de formación Cultural.

Estos factores me formaron como un nuevo ser para la sociedad en curso. Dicha formación de cualidades tales como: la lealtad a la sociedad revolucionaria y su gobierno, sus conceptos ideológicos, que yo pensaba que eran buenos para el desarrollo de una mejor sociedad y podían sobrepasar nuestras dificultades.

Ser leal a la revolución era un compromiso de amor por la patria, para que nadie pudiera quitarnos lo que habíamos alcanzado.

¿Dónde aprendí a amar y ser leal a la revolución? Fue en la escuela donde comenzamos aprender sobre la lucha por la independencia de Cuba. También nos educaban con los principios de la revolución socialista, como la base más importante de la supervivencia humana, por la igualdad y el derecho del pueblo a ser libre. Los pioneros teníamos un lema que decía: Pioneros por el comunismo seremos como el Che, destacando así la valerosa acción de internacionalismo, por la libertad de los pueblos de Ernesto Che Guevara. Desde muy pequeño se nos enseñaba, la lucha histórica por la independencia de Cuba. A su vez, nos inculcan, el rechazo al imperialismo yanqui y a la sociedad capitalista; enseñándonos que era la peor sociedad, por su explotación del hombre por el hombre y por la segregación del racismo, etc.

La formación moral comprende tres cualidades mentales y físicas importantes, que influyen en el desarrollo de la personalidad de un individuo. Estas cualidades de formación moral, no me fueron enseñadas en una escuela ni en los centros educacionales, sino que provinieron de los padres, familiares, amigos y líderes. Todos ellos contribuyeron he influenciaron en mi vida a través de sus testimonios personales, sus consejos y correcciones hacia mi vida desordenada. La formación moral es muy importante en el desarrollo integral del individuo, debemos tomar en cuenta que un gesto moral, puedes trascender en toda la vida e historia de una persona. Algunas de estas cualidades que a menudo se pueden ver o manifestar en el mundo son: la honestidad, la fidelidad, el valor y el servicio.

Yo tuve muchas experiencias de honestidad en mi vida, que forman parte de mi carácter y me han servido para manifestarlo en mi vida diaria. Mi primera experiencia la tuve a través de mi padre.

Cuando yo tenía siete años, me encontré en la calle donde solía jugar un binocular que yo deseaba tener, yo sabía de quién era el binocular que me había encontrado en la calle; porque ya se lo había visto al niño que jugaba con él; al parecer lo dejó en algún momento del juego y olvidó recogerlo del lugar. Casi siempre jugábamos en la calle a la pelota, a los escondidos; pues pasando por aquel lugar, me encontré el binocular tirado en el suelo e inmediatamente lo escondí dentro de mi bolsillo. No tarde mucho tiempo en jugar y apreciar los paisajes a través del binocular, cuando mi padre en uno de esos descuidos me vio con el instrumento, y al ver algo extraño que no era de su casa, dijo con autoridad.

— ¿De dónde cogiste esto? Yo con mi cabeza abajo por la vergüenza, contesté.

—En la calle —y entonces dijo— Tú sabes que esto no es tuyo, porque ni tu madre ni yo, los hemos comprados.

—Ve a entregarlo a su dueño inmediatamente.

Yo con gran temor y avergonzado fui a casa de Luis, el niño dueño del instrumento, siendo un poco mayor que yo, porque tenía diez años. Me le aparecí en su casa, al entrar estaba en la cocina con sus padres, acto seguido extendí mi brazo izquierdo, mostrando el objeto con mi mano, diciendo:

—Lo encontré en la calle —respondí.

Su madre lo cogió, y me puso su mano derecha en mi cabeza, y mirándome, dijo:

—Gracias.

Luego regresé a mi casa.

Mi padre no era un hombre perfecto, tuvo muchos errores; pero dos de sus cualidades que recuerdo con aprecio, fueron: su fidelidad y su honestidad. Ahora yo siendo un hombre con responsabilidades puedo decir que sé; la causa por la cual mi papá nunca estuvo preso ni fue multado. Tampoco estuvo frente a ningún tribunal de justicia, le aseguro que no fue un hombre perfecto; pero yo y mis hermanos, cinco en total, también hemos seguido ese ejemplo, en un mundo tan violento y lleno de maldad, esto es digno de apreciar. El me dio muchos ejemplos de honestidad y de fidelidad, como: el haber sido fiel toda su vida en su matrimonio, sin conocer a Cristo. Fue fiel en su trabajo, al que nunca faltaba, además por su integridad fue un hombre admirado por sus amigos y familiares.

Estas características ejemplares de mi padre, amigos, así como de algunos líderes, me ayudaron a crecer y perseverar en una sociedad socialista, la cual fue parte de mi vida.

Hay algunas cualidades morales que no se enseñan en planes educacionales, mucho menos en edades tempranas, casi siempre se adquiere por el ejemplo de los padres o personas de crianza u otras personas cercanas de la sociedad; un ejemplo de esto es la bondad, que es la cualidad de hacer el bien y el respeto hacia la demás personas. Puede ser que muchos hombres y mujeres lo practiquen o lo ejecuten, porque su trabajo lo exige, pero no se enseña, como un principio esencial para la mejoría de la sociedad.

Un aspecto de carácter moral tan importante como el amor al prójimo ni se habla ni se educa en la sociedad de este mundo. Solo Dios a través de Jesús y el Espíritu Santo usando a sus ministros espirituales, enseñan y nos conducen a practicarlo, como reflejo de la imagen de Dios en nuestras vidas. Pero el mundo en que vivimos ignora la bondad de Dios, sabiendo que hay dos reinos espirituales que luchan entre ambos: el reino de las tinieblas, dirigido por Satanás que el Señor lo reprenda, y el Reino de Dios.

Para que el mundo reconozca las bondades de Dios, deben conocer a Dios y sus palabras, discernir espiritualmente y esto es posible reconociendo a Cristo como su salvador (Jn 3).

El Señor Jesucristo a través de su Espíritu Santo, tiene disponible para todo aquel que desee, las características morales más importantes en el desarrollo de la personalidad del individuo; para la sociedad en que vive y para la salvación de la humanidad. Ellas son:

- La Santidad: que significa estar separado para Cristo.
- La justicia: que significa equidad e igualdad.
- La fe: La certeza de lo que se espera, la convicción de lo que no se ve.
- La fidelidad: es sinónimos de lealtad, exactitud, veracidad, puntualidad y constancia.
- La misericordia: compasión y favor inmerecido.

Los que viven en este mundo no pueden verlo ni practicarlo; porque su dios, los ha cegados, con los deseos de la carne y la vanagloria de los ojos, pegados a la sociedad en que viven, ya que están en tinieblas.

Área especial de atletismo.

En todo el curso de mi vida, Dios tuvo misericordia de mí, a pesar de mi desobediencia en la vida desordenada que llevaba y la ignorancia de mi niñez. El señor Jesucristo me salvó de muchas situaciones.

A los trece años empezaron a manifestarse en mí, el talento natural innato. En esta etapa pertenecía al área especial de atletismo en la provincia de Guantánamo. A esa edad, ya estaba lidiando con los mejores atletas de la provincia, en la distancia de fondo; también participaba en la carrera de Maratón en 21 kms, lo cual a mi corta edad se consideraba una hazaña. Como la fe es la certeza de lo que se espera, la convicción de lo que no se ve. (He 11: 1). Siempre que estaba preparándome para realizar una carrera de tanta envergadura, sabía que lo podía hacer, no importando ganar sino llegar a la meta. Muchas veces le ganaba a atletas más experimentados y mayores que yo, eso traía grandes comentarios en la población que me veía correr. En cierta ocasión corriendo 21 kms por la carretera de Guantánamo, al entrar a la ciudad, el pueblo que observaba el evento; al verme correr entre los primeros aplaudían y gritaban de júbilo por mi triunfo, dándome felicitaciones; he incluso me hicieron entrevista por la radio y el periódico de Guantánamo. Siempre creí, que podía hacer todo lo que se me enfrentaba en la vida deportiva, a pesar de las condiciones de vida y alimentación que había en el país, y por supuesto nuestro hogar. Así participé en innumerables Maratones, en diferentes provincias, como: Santiago de Cuba, Palma Soriano, Holguín, etc.

La fe que yo tenía y además no conocía de ella, me motivó a prepararme, para ser un buen atleta en el deporte, y participar en eventos nacionales e internacionales. Recuerdo que deseaba ir a los juegos escolares nacionales, soñaba con eso, vivir ese momento de ponerme la camiseta, los uniformes deportivos y luego lucirlo dondequiera que fuera, mostrando cuán importante y especializado era en mi provincia. Por la perseverancia y la fe en lograrlo fue que sucedió, así fui a los juegos escolares nacionales en agosto de 1973, en la Habana; su sede fue el estadio (Pedro Marrero) del municipio Playa, en la especialidad de marcha deportiva o caminata.

El estar en el área especial de atletismo me ocupaba casi todo el tiempo, a veces no regresaba a la casa, mi madre se enfadaba conmigo; porque estaba bien mal en la escuela. Fue un día al área especial de atletismo para sacarme de allí, pero no lo logró. Ya que el profesor Rogelio Palacio, vio talentos en mí para las carreras, lo cual, le dijo a mi madre; que no me sacara, que él me iba a poner en una escuela para profesores de educación física en Santiago de Cuba. Esto trascendió mi vida y dio un vuelco tremendo en mí, de modo que estaba definiendo lo que sería mi vida en un futuro, como educador o maestro. Aquel hombre nunca se me olvida ya que vino a ser de bendición para mí; él sabía lo que yo podía ser en el futuro como deportista y como profesor gracias al talento que Dios me había dado.

Años después aquel talentoso profesor murió, a causa de una puñalada en una pelea durante una celebración, de un evento competitivo de atletismo entre las provincias orientales. Los equipos de Santiago de Cuba y Guantánamo, estaban discutiendo el primer lugar por provincias. Cuando hubo al parecer un engaño arbitrar que favorecía al equipo de Santiago de Cuba, que era la sede del evento, de manera, que el profesor de Guantánamo hizo una reclamación por lo sucedido, llegando a una discusión que terminó en golpes entre los atletas y participantes allí presente, incluso participaron los aficionados presentes en el estadio, asociados al equipo de su provincia. Uno de los aficionados sacó una navaja, y lo hirió gravemente a nuestro profesor Rogelio Palacio, el cual estuvo internado en el hospital por varios días, hasta su recuperación. Pero a consecuencia de estas heridas, la salud de nuestro profesor fue empeorando, donde empezaron a aparecer otras enfermedades, como: diabetes, problemas en los pulmones y el corazón, contribuyendo con la muerte de un valioso compañero del deporte cubano. Hoy en día hay una instalación deportiva de atletismo que lleva su nombre en la provincia de Guantánamo.

La fe dentro de mi sin yo saberlo

Todos tenemos fe, ¿pero cómo sabemos que tenemos fe y que con esta fe podemos lograr algo bueno para nosotros, y también por toda la humanidad?

Porque por gracia sois salvos por medio de la fe; y esto no de vosotros, pues es don de Dios; (Ef.2:8).

La fe está a disposición del ser humano para creer y crear cosas inigualables, solo entendidas y reconocidas por Dios. Él nos ayudará a entender; por qué vivimos y que somos parte de su creación. Estemos dispuesto a ponerle fe a lo que hacemos con entereza y firmeza; entonces como linaje escogido seremos bendecidos y nuestra fe será contada por justicia. El primer hombre que creyó a Jehová fue Abraham y por su fe, fue considerado justo y su alma quedó ligado al espíritu de Dios (Gn.15:6).

Dios conoce nuestro destino desde nuestro nacimiento el cual traza sendas victoriosas en nuestra vida; si nos dejáramos guiar por Él. Pero la mayoría de los casos somos desobedientes a la voluntad de Dios. Está claro que Jesús vive y que el vino para salvarnos de las garras del enemigo y darnos vida eterna. Dios es el amor incondicional e infinito a disposición nuestra, no importa cómo somos, su misericordia está ahí para amarnos, guiarnos, además cuidarnos. Ha recordado usted algún momento de peligro donde usted ha expresado o aclamado:

¡Dios mío ayúdame! En innumerable de ocasiones sucede esto a muchas personas, esto sucede; porque nuestra alma está ligada al espíritu y a su vez, viene la ayuda en misericordia de Jehová.

En todo el curso de mi vida Dios tuvo misericordia de mí, a pesar de mi desobediencia, de mi vida desordenada debido a la ignorancia de niño. No obstante, el Señor Jesucristo salvó mi vida de diferentes situaciones, ejemplo: en innumerables de ocasiones me han pasado cosas como ésta. En una ocasión veníamos un grupo de alumnos de la escuela Manuel Fajardo de Santiago de Cuba, en el *Bus;* por la carretera que nos conduce desde Siboney hasta la Ciudad. De repente comienza llover, el conductor del vehículo estaba bebido, el ómnibus comienza a zigzaguear y se sale de la carretera, todos los alumnos estábamos al mismo tiempo espantados y gritando de asombro, recuerdo que mi expresión fue ¡Dios mío! Acto seguido el *Bus* comenzó a dar vueltas en redondo hasta parar más abajo y fuera del camino o carretera, y totalmente destrozado y con los pasajeros gritando. Todos salimos ileso para el asombro de los que venían detrás en ayuda. Hubo algunos brazos partidos, algunas caderas y columnas desviadas, pero todos fuimos salvados por las manos del Dios omnipotente, el omnipresente. Yo solo me hice un rasguño en la cabeza. Inmediatamente fuimos atendidos con chequeo médico en el Hospital de Santiago; pero no me encontraron nada, al día siguiente, ya estaba practicando mi deporte de atletismo, como si no hubiera pasado nada.

En agosto de 1989, estaba en la provincia de Guantánamo celebrando los carnavales en vacaciones, cuando recibo una llamada, que debía estar presente inmediatamente en la Habana, Ciudad Capital de Cuba, donde debía estar concentrado en un entrenamiento para viajar en gira a república de Checoslovaquia, Alemania, Bulgaria. Inmediatamente hago gestiones buscando un pasaje para ir hacia dicha Ciudad, por fin consigo un pasaje por vía férrea, me dispongo viajar y después de una hora de camino, íbamos pasando por un lugar llamado altura de limonar. Cuando el coche comienza a temblar, pero de una forma descomunal, comenzaron desprenderse las diferentes partes del coche y a ponerse oscuro, comienzan los pasajeros a gritar pidiendo auxilio; eran como la 1: 00 p.m. del mediodía. Yo iba con una joven enamorada que había conocido en el pueblo donde nació y tengo una hija; Dos Caminos de San Luís, Provincia de Santiago de Cuba. Al darme cuenta de la situación en que me encontraba de peligro comienzo a darle instrucciones a la muchacha, de que metiera su cabeza entre las piernas y aguantara sus rodillas con sus brazos. Yo me coloqué de rodilla, al lado y afuera de mi asiento, es decir, en el centro del pasillo del coche mirando hacia la muchacha que iba conmigo. Entonces apoyé mi cabeza sobre el asiento donde yo debía de estar sentado y recuerdo que invoqué el nombre de Dios en voz alta.

— ¡Dios mío ayúdame! Mientras decía esto una lluvia de objetos volaban por encima de mi cabeza y alrededor, como: sillas, luces y cuerpos de personas. Las vibraciones del tren eran enormes, el terror nos consumía, un objeto me golpeó al frente de la ceja derecha y siguió de largo. La situación era bien difícil estábamos en un descarrilamiento, o sea el tren se salió de las líneas férreas pasando por un puente. La máquina que conducía los vagones de pasajeros, logró pasar el puente de unos 60 a 80 metros de longitud, y 18 metros de altura. El primer vagón y segundo cayeron al frente y debajo de la ladera del puente, nosotros íbamos en el tercer vagón que cayó de plano abajo en el río, como en forma de cruz. Luego sucesivamente nos fueron cayendo los demás vagones encima de nosotros, convirtiéndose en una coalición fuerte ruidosa. Hubo un momento cuando el coche descendía desde la altura, en ese momento parecíamos que íbamos hacia el abismo, una enorme mole de hierro descendiendo indefensa como hoja de papel. Cuando hizo impacto en la tierra, se oyó un ruido ensordecedor, segundos después, hice un reconocimiento a ver si estaba vivo y en qué condiciones me encontraba, no tenía miedo ni temblaba, poseía una gran serenidad, he inmediatamente me levanté y comencé a ayudar otras personas. Dios no sólo me salvó sino que me dio temple y valor, para enfrentar la situación. Me convertí en un voluntario de Cristo en medio de una catástrofe, se oían los gritos de auxilio en un momento de desesperación. Podía ver sido peor, pero allí estuvo la mano del Padre celestial; sino de dónde sacamos esa serenidad, ese valor para ayudar en el momento difícil. La ecuanimidad para soportar ver un desastre donde se vea sangre correr por doquier; a personas que le faltaban algunas partes de su anatomía, como: el maxilar, los ojos, brazos, piernas etc.

Rompiendo una de las ventanillas, yo comencé a sacar algunas personas, entre ella la joven que andaba conmigo. Se escucharon algunos disparos de alarma en busca de ayuda; porque era un lugar solitario, rodeado por cañaverales. Inmediatamente se acercaron algunos camiones, grúas, alzadoras; todos cuanto había por aquel lugar. Fuimos trasladados hacia el Hospital, Agostinho Neto de la Ciudad Guantánamo. Primero fueron los de mayor gravedad, allí se improvisó una sala de emergencia y comenzaron a hacernos extracción de sangre en el vientre para ver si estábamos reventados; daba más miedo la aguja con la cual hacían la extracción que el propio accidente, traté de negarme en varias ocasiones; porque en realidad me sentía en perfectas condiciones, aun así me obligaron tirándome al piso, aguantándome fuertemente, resultado no tenía nada. Después de algunos chequeos al otro día, fui dado de alta.

Una vez estando en la casa rodeado de mi familia y amigos contando lo sucedido, me empiné una botella de ron cubano, por primera vez en mi vida, nunca lo había hecho, cosa de ignorancia, sabiendo que en verdad; no fue la suerte lo que me salvó, sino la misericordia de Dios. Él es omnipotente y está presente en todas partes luchando contra el mal. Así como en este accidente estuvo presente; también está, en cualquier lugar del mundo velando por su creación, defendiendo lo que formó; como aves defendiendo sus hijos en medio de un ataque enemigo. Dios defiende y lucha contra el mal con misericordia; es decir, con amor eterno hacia toda la creación; porque todo pertenece a Él. Observen, que las asechanzas del mal nunca perduran, son efímeras, o sea que pasan en un periodo no muy lejano, por eso la palabra del Señor dice: Someteos, pues, a Dios; resistid al diablo, y huirá de vosotros (Stg 4: 7). Resistir quiere decir mantenernos fieles en lo que estamos haciendo con amor, alegría, gozo en nuestra alma. Mientras más difícil es el problema más entusiasmos ponemos, disposición, lealtad y el enemigo sale derrotado. Hemos aprendido que el bien siempre vence al mal. ¡Jehová! fuerte, misericordioso y piadoso; lento para ira y grande en misericordia y verdad; ésa es la esencia de la grandeza de Dios sobre el universo, prevalecerá su amor sobre todas las cosas no importa la dificultad ni el problema. El enemigo conoce los propósitos del Señor para con tu vida, por eso trata de interrumpirla, destruirla, no importa qué clase de persona tú seas; tratará de quitarte la vida para que no se cumplan esos propósitos.

Después de ser avisado para ir al extranjero por motivos competitivos, lo cual fue una de las tantas estrategias que usó el enemigo para tratar de deshacer el propósito de Dios en mi vida. Yo desesperadamente buscando un pasaje, porque tenía un viaje de competencia, lo que estaba buscando era la muerte. Después del accidente por supuesto no fui para la Habana lugar donde debía estar concentrado, y pensé. ¡No voy al viaje! Con tristeza pensaba esto; pero sucedió que no hubo ninguna competencia ni fueron a ningún lugar. Eso demuestra que no debemos apresurarnos ni afanarnos por cualquier cosa; a veces por apresurarnos cometemos graves errores.

Como ya se habrán podido dar cuenta, hasta este momento no estaba el conocimiento de Dios en mi vida, sino hasta unos años después. Mientras el hombre no ha entregado su vida a Cristo y vive una vida en relación con Dios, no puedes comprender su consolación en los momentos más difíciles de su vida.

Mi padre siendo un hombre trabajador honesto intachable en su trabajo, nunca me ha dado un abrazo como manifestación de amor, o un consejo para salir adelante en la vida. Con la ayuda de mi madre nos criaba, traía el alimento a la casa; pero no manifestaba la ternura de su amor. Estoy seguro que mi padre nos quería a todos; pero. ¿Cómo puede dar lo que no le dieron sus padres a él?

Debo decir que su manera de proceder; en cuanto a no salir sin su permiso de la casa no cambió en mi nada, yo continuaba yéndome para lugares peligrosos como el río, a escondidas de él.

Recuerdo, que una vez yo me fui para el río solo, y estando frente de aquella caudalosa corriente de agua apacible; estaba tratando de hacer salto mortal desde una altura prudencial, o sea tratando de dar una o dos vueltas en el aire y caer en el agua de cabeza. Pero como joven al fin, no me había dado cuenta que la profundidad del agua era tan bajita, que al intentarlo de nuevo me di un golpe tan duro, que mis brazos, cabeza y hombros; me dolían terriblemente, mi cara estaba rallada del roce con la arena y las piedras debajo del agua, el dolor era tan fuerte que tuve por largo rato tendido en la orilla del río, llorando y pensando que iba a decir en la casa. Sí mi papá se enteraba de esto, seguro que me acababa de matar; aquello sucedió como si hubiera sido un castigo por desobedecer a mi padres. En medio del dolor, yo pensaba que me había reventado por dentro y mi temor se acrecentó. En ese momento "grite".

—"Dios mío no me deje morir" —y volví a clamar—. "Dios mío ayúdame no me deje morir".

En realidad aquellas palabras salían de los más profundos de mi alma. Cómo puede saber un niño de diez y once años de la misericordia de Dios, si nunca ha sido orientado acerca de esto y menos procedente de una familia atea por completo.

Me fui para la casa, ocultando lo sucedido y traté que mi papá no me viera por dos ni tres días, me tiré en mi cama a dormir lleno de dolor y aguantando, llorando ocultamente para que no se dieran cuenta, aunque mi mamá encontró raro que yo todo el día permanecía en la cama y no salía a jugar.

— ¿Algo extraño le ha pasado? —se preguntaba ella.

Pero yo la trataba de engañar con otras cosas como fiebre, mas no le decía la verdad. Fue una lección terrible, porque nunca más fui al río y aprendí a respetar el peligro; a veces Dios permite que pasemos algunas situaciones difíciles para que aprendamos. Él tuvo misericordia de mí y el dolor se fue sin tener que ir al médico, hasta el día de hoy estuve oculto esto a mis padres. Sin embargo, reconozco lo peligroso que es, no tener una buena comunicación con los hijos, orientadora, de amor y paz, para educarlo mejor.

A pesar de que mi padre fue un analfabeto y rudo con sus hijos. Ha sido siempre mi héroe por su voluntad al trabajo, viví las dificultades que tuvo para alimentarnos con su único sueldo y eso que éramos siete en la familia, siempre fuimos humildes; pero honrados. Nunca nos permitió traer a la casa lo que no era de nosotros, a respetar a los demás como si fueran nuestras familias. Nunca estuvo preso, por ningún delito; fue un hombre recto, valiente, de una sola palabra, disciplinado en su trabajo. La verdad, no tuve un padre científico ni estudioso, de manera tal que a través de sus conocimientos pudiera haberme guiado hacia este mundo lleno de ambiciones, egoísmo y lleno de malas influencias; pero, me enseñó la humildad, la honestidad y la fidelidad en todas las cosas.

Cuando alcancé un nivel escolar superior y comencé a coger responsabilidad ante la sociedad en que vivía, como trabajador, y padre de familia; entendí que estos valores me ayudaron mucho a salir adelante. Dios me dio el amor para comprender a mi padre en la situación en que se encontraba. Hubo un tiempo cuando él estaba solo viviendo en la casa que con esfuerzo construimos, en el #263 del 4 Oeste e/ 7 y 8 Norte en Guantánamo. Para ese entonces mi padre y mi madre se habían separado, el pasó mucha dificultad, nosotros nos habíamos ido a vivir para la Habana y él se encontraba muy enfermo, se vio abandonado, las atenciones no eran iguales que cuando tenía su mujer como ama de casa, donde se lo hacía todo. Estuvo grave de enfermedad muchas veces, tratando de operarse en el hospital de Guantánamo, pero siempre había un problema de luz eléctrica o higienes en el avituallamiento para la operación. Tres veces estuvo en la sala de operación para ser intervenido; pero nunca se pudo realizar, lo devolvieron para su casa. Yo me entero de la situación a través de sus hermanas que no podían hacer nada, recuerdo que un sentimiento me conmovió y expresé: Yo tengo que ayudar a mi papá, él me necesita, está triste y abandonado. Un sentimiento de responsabilidad venía a mi mente que me preocupaba mucho y decidí buscarlo. La relación entre mi madre y él estaba bien deteriorada, mi mamá no lo quería ni tampoco deseaba verlo. Le había dejado la casa y todo por tal de no estar al lado de él, era una situación bien difícil; yo tuve que hablar con ella para que me dejara traerlo a vivir con nosotros. Cuando se lo expliqué a mi mamá la situación de mi padre, mi madre se negó rotundamente a ayudarlo, había mucho resentimiento y decía, ahora que pague las consecuencias. Yo no sabía qué hacer, mas Dios tenía un propósito de unir mi familia; y su deseo, su propósito lo había depositado en mí. Una y otra vez hablaba con mi mamá, yo la trataba de convencer para que me ayudara, recuerdo que le dije en esa oportunidad. "Mamá si tú me quieres trata de ayudarme a cuidar de mi padre, no lo haga por él, sino por amor mí y por lo demás muchachos". Yo te quiero y tú sabe cuánto deseamos estar al lado de ti; pero, también quiero mucho a mi papá y no lo pienso abandonar, así que; lo voy a ir a buscar cueste lo

que cueste, yo estaré con él y no pienso volver a la casa si no lo
acepta. Estas palabras eran duras para mi madre, porque ella
había hecho mucho por mí, hasta que llegué a ser un graduado
Universitario. Ella con lágrima en los ojos me miró fijamente
y dijo: está bien él puede estar aquí hasta que se recupere de
la operación, después se tiene que ir. En ese momento nos
abrazamos y lloramos juntos por un momento; mi madre había
cedido a mis ruegos y eso me hizo feliz; aunque, no era todo
lo que yo esperaba, pero sí estaba muy emocionado con su
comprensión.

A veces, los padres debemos escuchar a los hijos, cuáles son
sus preocupaciones o sentimientos y estar dispuesto ayudar, sea
el problema que sea. El amor hacia los hijos es incondicional,
fuera de conceptos, y dogma establecido por generaciones
anteriores. Un hijo es la esencia de nuestra fragancia, los
nutrimos del mejor condimento o mezcla para que su fragancia,
su olor, alcance no solamente en nuestro alrededor sino en el
mundo exterior también.

En mi preparación para buscar a mi padre, la primera gestión
que hice, fue para la operación. Recuerdo que en aquel tiempo
a pesar de trabajar en una escuela como profesor de educación
física en la Ciudad de la Habana, también hacía otras cosas
prohibidas por el gobierno, ejemplo: vender la lotería o la bolita
como decimos en Cuba, ya que el salario no alcanzaba para
nada, así que debíamos buscar otras entradas de ganancia de
dinero. Por tanto, además de ser profesionales nos convertimos
en vendedores ilegales. Aprendimos a vender de todo; ejemplo:
café, vegetales, cigarros, ropas, etc. Vendíamos lo que sea, el
problema era resolver la demanda economía y la escasez en el
país; los precios de adquisición de un artículo de necesidad era
superior al salario devengado. Por eso nos vimos todos o la
gran mayoría de los cubanos, en la necesidad de hacer algo para

continuar viviendo frente a la situación tan difícil que tuvimos, antes del periodo especial y después.

Entres todas las cosas que hacíamos, también nos dedicábamos apostar en los juegos de mesas, como: dominó, bacará, silo, dama; en juegos deportivos, como: béisbol, voleibol, boxeo y otros. También jugábamos a ver quién alcanzaba el número más alto, en los autos que pasaban por el lado de nosotros que observábamos desde la acera. Todo esto hacíamos por tal de buscar dinero, lo mismo jugábamos en un parque o en la sala de una casa.

Le cuento algo chistoso: Una vez estando en el parque del municipio, Cerro, en Ciudad de la Habana, habíamos varios hombres jugando cartas al número mayor, las cartas estaban ordenadas en el suelo en pequeñas cantidad y alrededor de ellas, habíamos un grupo de hombres unidos en forma de un círculo. Cada vez que íbamos a apostar debemos agacharnos y depositar el dinero encima o al lado de las cartas que tú había seleccionado, en ese momento recuerdo, que me agaché y puse mi dinero, volviendo a mi posición de parado. Cuando de repente se oye la voz de un policía con pistola en mano que dice.

—"Alto, quieto todo el mundo"—. ¿Carné de identidad?

Todos nos miramos perplejo y en fracciones de segundo, pasaban tantas cosas en mi mente, como multa de 1500 pesos, preso por lo menos tres días, reputación de profesor perdida y dije dentro de mí.

—No me puedo dejar coger.

En ese instante vuelvo agacharme disimuladamente, recogiendo mi dinero y como una fiera felina salgo disparado en una carrera fenomenal huyendo sin mirar atrás. Literalmente los pies me daban en la parte de atrás de la cabeza, de la velocidad con que yo iba; sentía voces tras de mí como: cogerlo, atajar. El público que estaba en favor de los que huyen, gritaban y aplaudían, hasta le causaba alegría la escena; era tanto el susto, que yo fui a parar de correr del municipio Cerro, al 10 de octubre, cansado y con la lengua afuera. Al otro día me enteré que mi acción provocó que otros también salieran corriendo en diferentes direcciones, resultado que el policía solamente pudo someter a dos personas de veinte o más. A pesar de que no me cogieron, yo no fui más, por el susto tan grande que pasé.

Cosas como estas eran la que sucedían a diario en un país donde hay tanta necesidad. En estos lugares, lo mismo nos reunimos, maestros, profesores, santeros, ladrones, en fin delincuente comunes, etc.

En una casa donde casi siempre yo y otros nos dedicamos al juego, conocí a mi amigo José, doctor pediatra del Hospital Calixto García en ciudad de la Habana, entre otras cosas le dije.

—José tengo mi papá en enfermo en Guantánamo, y no lo han podido operar, por diferentes situaciones, como: esterilización, avituallamientos necesarios para la operación y también la falta del fluido eléctrico; han contribuido, a que el hombre esté prácticamente muriéndose sin poder operarse.

—Pues tráelo para la Habana —responde José, —yo te voy a resolver un turno con el especialista de aquí.

Con esas palabras de seguridad, y la aprobación de mi madre en dejarlo entrar en la pequeña casita, decido ir a buscarlo; preparé algunas cosas y salgo en busca de transporte, ya que mi madre había dado su autorización. No importa si perdía días de trabajo, nada puede sobrepasar el amor hacia un ser querido, sea padre, madre, hermanos.

La situación en el país era bien difícil, no había transportación para viajar de un lugar a otro, mucho menos para ir al interior del país, decidimos pararnos en las ocho vías, carretera central que nos saca de la Habana hasta la parte más lejana del país. Una vez allí pudimos coger un camión de carga, para nosotros rastra, así fuimos hasta Guantánamo soportando el calor, la estrechez de espacio entre una mercancía y otra, no pudiendo dormir. En fin llegamos al guaso; prieto, con un hambre terrible. Durante el camino yo me hacía la idea que cuando llegara a la casa iba a saciar mi hambre; pero sucedió que al llegar a mi antigua casa; después de saludar a mi papá y hablar con él, me dirijo hacia la cocina buscando algo de comida, no había nada, destapo una olla y solo estaba llena de agua con tres granos de frijoles, al ver esto pregunto a mi padre.

¿No hay nada de comer en casa?

—No, no hay nada mi hijo.

—Pero cómo es posible —respondo—. ¿No tienes nada de comer papi?

—No, asintió con la cabeza; —no tengo nada ni nadie viene ayudarme, de vez en cuando voy a casa de mi hermana y me dan un poquito de lo que ellos comen.

Me embargó un sentimiento de tristeza y dolor de ver a mi padre sufriendo de soledad, hambre y necesidades.

—Pues, no esperemos ni un minuto más, te voy a sacar pasaje y en dos días vas para la Habana.

Así lo hicimos, al día siguiente yo regresé para la Habana, porque la situación de comida y otras cosas eran bien difíciles de soportar en Guantánamo. Dos días después llegó mi papá a la Habana, hice todos los trámites como me había indicado mi amigo, así él fue operado inmediatamente. Luego su recuperación la hizo en la pequeña casita donde vivíamos en San Martín 5 e/ infanta y línea del ferrocarril, en municipio Cerro, Ciudad Habana.

Mi papá aprendió una lección que no era bueno vivir solo separado de su esposa e hijos, sus seres más queridos en los cuales él había luchado tanto. Reconoció sus errores y poco días después mi madre vio que nosotros los hijos, nos interesamos por el bienestar de mi papá, ya que los cuidábamos, le dábamos cariños, hacíamos fiestas e inventábamos para hacer comida, etc. Ella también poco a poco fue ayudando hasta que lo perdonó, creando un ambiente familiar unido y lleno de alegría en medio de la dificultad.

En 1980 después que me gradué como profesor en Santiago de Cuba, fui seleccionado entre los mejores estudiantes para estudiar en el Instituto Superior de Cultura física y Deporte, Manuel Piti Fajardo, en la Ciudad Habana. Donde escogieron sesenta de los mejores alumnos por sus resultados académicos y talentos deportivos. Para ser, un profesional educativo por el desarrollo del deporte cubano; siendo una oportunidad que no podía desaprovechar, ya que mi primer año de estudiante primario, no estuve bien; porque me había atrasado repitiendo un grado escolar. Gracias al haber ingresado en la escuela provincial de educación física, pude adelantar mis conocimientos académicos.

Debo señalar que haber estado en esta escuela me hizo madurar, en cuanto a la importancia de estudiar y superarme; con el objetivo de ser un hombre preparado para la vida y la sociedad en que vivíamos.

Esta etapa estudiantil fue bien dura para mí, porque las asignaturas eran bien difíciles, se necesitaba un nivel de conocimiento superior o de preparación para el estudio, lo cual en la escuela provincial no di nada de lo que empecé a estudiar en la nueva escuela. Había muchas enseñanzas fuertes como la matemática donde jamás en mi vida había conocido los temas de derivados, funciones, integrados, raíz cuadrada y otras. También las enseñanzas de biomecánica, bioquímica, morfología, economía política y otras. En esta escuela las materias básicas como las anteriormente mencionadas, se daban por la mañana, y las disciplinas deportivas se daban en la tarde, de manera que se hacía más difícil estudiar. Esas disciplinas, fueron por ejemplo: atletismo, béisbol, boxeo, esgrima, baloncesto, voleibol, natación, gimnástica, judo, lucha libre y otras; que figuran entre la rama deportiva a nivel olímpica y mundial. Para estudiar aquí, debía ser un gladiador, un hombre orquesta preparado física y mentalmente para graduarse como licenciado en cultura física y deportes.

La asignatura de matemática me llevaba a paso de conga, desde el principio todos los trabajos de comprobación yo sacaba cero, así como en la prueba trimestrales. La maestra no sabía qué hacer conmigo, no entendía nada, así fue pasando el primer año hasta que llegó la prueba final del curso, la cual te daba derecho a permanecer en la escuela y también ir a una última oportunidad, llamada revalorización, si no aprobaba aquí entonces me sacaban de la escuela.

Tres meses antes de la prueba final y viendo mi resultados académico, pensé mucho en que sería de mí, si fuera sacado de la escuela. Qué le diría a mis padres, después de la negativa de mi madre para que yo no siguiera estudiando, ya que se necesitaba mi aporte a la casa trabajando en algún lugar; pero frente a esta posición de mi madre yo me negué trabajar. Recuerdo que le dije: no, yo quiero seguir estudiando. Entonces no podía fracasar por el bien de mi propia vida, reflexione mucho sobre esto, tomando la decisión de estudiar. Fue entonces que busqué ayuda en uno de los jóvenes más avanzados del aula, su nombre Joaquín. Fui a encontrarme con él, comencé a explicarle mi problema.

—E y, Joaquín —dije—. ¿Me puedes ayudar a estudiar?

• ¿Qué pasa? —respondió Joaquín—. Estoy muy mal en la asignatura, no quiero desaprobar, por favor ayúdame.

—Está bien. ¿Cuándo comenzamos?

—Sí tú puedes, hoy mismo comenzamos —le dije.

¿Dónde nos vemos? —responde—. En el salón de la residencia.

—Está bien, allí estaré.

—Ok, gracias.

Él estuvo dispuesto a ayudarme como lo hacen todas las personas maravillosas que hay y existirán para siempre, dispuesto para todo, bondadoso, desinteresado que se gozan haciendo el bien a los demás. Así fue, él se quedaba dos horas más en la escuela para repasarme la matemática tan difícil. Aunque él no fue alumno interno, ya que él vivía en la misma Ciudad de la Habana; estuvimos él y yo estudiando más o menos dos meses, hasta que él vio que yo podía hacer los cálculos de funciones y derivados sin su ayuda y que iba mejorando mis conocimientos matemáticos. Luego que él me dejó solo, yo entonces me propuse estudiar y ejercitar los temas hasta alta horas en la noche, a veces me iba a estudiar en un aula y otras veces en el gimnasio de la escuela.

Fueron momentos duros, pero aprendí a perseverar para triunfar. Con esa actitud mi personalidad creció, aprendí a no darme por vencido, siendo fiel y sobre todas las cosas honesto y agradecido. Gracias a la colaboración de este joven mi vida estudiantil fue mejor. Recuerdo que una vez estando en el campo de atletismo realizando la prueba final práctica de este deporte que consistía en ejecutar varias disciplinas, cuatro por días, ejemplo: carrera de 100 metros con vallas, saltos de longitud, carrera de medio fondo de 800 metros planos, y lanzamiento del martillo. Durante el desarrollo de estas pruebas se acercó un joven integrante de mi grupo, con los resultados de la prueba final de matemática que ya habíamos realizados. Para mi sorpresa cuando me busqué en el listado; observé que yo había aprobado con 4,6 alta calificación para el nivel superior de la ciencia exacta. Mi alegría se hizo sentir, daba yo vueltas de gozo y mi corazón se agitaba a mil por hora del entusiasmo. El problema era que me había quitado una pesadilla de encima, algo que yo pensaba que era difícil de alcanzar. Joaquín que estaba en mi grupo me felicitó y nos fundimos en un fuerte abrazo hasta salir las lágrimas. Luego la profesora me felicitó también y me preguntó que yo había hecho para obtener semejante resultado, le expliqué lo que había hecho y con quien había estudiado; entonces, volvió a felicitarme y me dijo; nunca te des por vencido.

En esa etapa de mi vida aprendí a crecer y tener seriedad, además aprendí a perseverar en todo lo que hacía, como joven revolucionario cumplidor en todo lo que la revolución esperaba de una juventud como la nuestra. Pero una cosa piensa el gallo y otra el cazador, el destino me tenía preparado una gran sorpresa.

Desde la etapa estudiantil en la escuela de Santiago de Cuba hasta el instituto superior de cultura física en la Habana, fue como una etapa de preparación contra el imperialismo yanqui. Odiábamos el capitalismo por su hegemonía; por eso le fui fiel a la revolución en muchas cosas, como en el estudio, el trabajo, en los viajes al exterior que pude hacer, no desertando. A los veintitrés años tuve la oportunidad de salir al exterior, cuando participé en los Juegos Universitarios Centroamericanos y del Caribe en Barquisimeto, Venezuela, durante los días del 21 al 31 de mayo de 1982. Como miembro del equipo de atletismo en la especialidad de 3000 metros con obstáculo, donde alcancé la medalla de bronce sin estar en los pronósticos. La delegación cubana era la más fuerte de todas, casi todos sus miembros eran del equipo nacional cubano siendo estudiante universitario también. Tuve momentos muy agradables difíciles de olvidar como el concierto en el coliseo bolivariano donde actuaron Oscar de León, Ismael Rivera y otros, en este momento me divertí muchísimo sacando mis dotes de buen bailarín. También recuerdo la comida que nos daban era deliciosa, el trato de los venezolanos hacia nosotros, su cariños, respeto y su admiración por nuestra delegación como representante del pueblo cubano.

También hubo momentos desagradables, cuando estaba con un grupo de nuestra delegación en una de las tantas tiendas presente allí y algunos se cogían los artículos, a escondida del dueño o el dependiente debido al pobre presupuesto que nos daban para la estancia en un lugar. También observé con desagrado, la actuación de un grupos de nuestra delegación en pleno acto de inauguración y cantando el himno de Venezuela, como se burlaban danzando sobre la notas del himno nacional de ese país, en represalia a la muerte de los jóvenes deportistas aborde del vuelo de Cubana de Aviación en la costa de Barbado, ejecutado por un asesino que había salido de ese país. Luis Posada Carriles, quien fue acusado por el gobierno cubano, junto a Orlando Bosch Ávila, como cómplice de la explosión de una aeronave de Cubana de Aviación que volaba entre Barbado y la Habana, el 6 de octubre de 1976. Las 73 personas a bordo de la aeronave, resultaron muertas. Yo recuerdo ese hecho; porque estudiaba en la escuela provincial para formadores de maestro de educación física en Santiago de Cuba. Recuerdo que se hizo gran acto multitudinario donde Fidel Castro habló al pueblo en general, todos estábamos bien tristes, llorábamos mucho por esa pérdida de jóvenes inocentes. El pueblo fue conmocionado por tan vil hecho y el presidente proclamó la famosa frase: "cuando un pueblo fuerte y viril llora la injusticia tiembla". El danzar mientras se escuchaba las notas del himno venezolano, me pareció bochornoso ya que representa un símbolo patrio. Los cubanos no podemos hacer lo mismo en nuestro país, la dignidad y respeto de un pueblo no se conquista respondiendo mal por mal sino con la justicia de Dios.

La integridad moral de un pueblo viril que llora por la injusticia, entonces el enemigo temblará, porque se acercan sus días. Yo también vi jóvenes atletas cubanos desertar, lo cual yo no entendía porque lo hacían, debido a mi mente sana de que la revolución se lo daba todo; que era un país libre y lleno de esperanza, sin esclavitud ni explotación, como es posible que hagan algo así; me parecía indigno, lo llamaba traidores por irse de nuestro país como emigrante hacia los Estados Unidos.

En 1980 estaba en contra de ellos llamándolos gusanos, escoria, gente que no sirven; éste era mi modo de pensar sin tener a Jesucristo en mi vida, yo no comprendía nada del amor de Dios y su misericordia para hacernos libres.

Todo mi amor por la revolución estaba basado en la fe, que todas las cosas se iban a solucionar. Por la fe y la perseverancia sin ser un estudiante de alta inteligencia logré graduarme en el Instituto Superior de Cultura Física, lleno de conocimientos y experiencias deportivas, lleno de ideas, con un corazón dispuesto a ayudar a la revolución siendo útil; no imprescindible.

En 1984, después de graduado, me enviaron por seis meses a servir como teniente de la fuerza armada, a una unidad de tanque soviético por Güira de Melena, durante dos meses. Luego me enviaron como preparador físico en una unidad de tropas de artillería al este de la Habana. Cumplido mi servicio establecido en la fuerza armada revolucionaria, comienzo a trabajar como profesor en la escuela Carlos Astiazarain Turro, como profesor de educación física. A pesar de haberme graduado como entrenador de atletismo. Entonces fui a trabajar a dicha escuela; porque no había plaza vacante en ningún centro deportivo ni escuela de deporte, debido a la cantidad de maestros y profesores graduados por años en el país.

El 6 de septiembre de 1985, comencé a trabajar en este centro escolar primario, con niños de cuarto y sexto año escolar. Al principio fue difícil adaptarme, ya que no era lo que yo esperaba hacer, había estudiado duramente para ser un entrenador, y conquistar eventos nacionales, demostrando mis habilidades como entrenador. Aquí cobraba un salario de 263 pesos cubanos al mes, alrededor de veinte dólares estadounidenses; cómo pueden imaginarse no alcanzaba para nada. La escuela tenía un patio bien pequeño donde hacíamos las clases de educación física, un espacio entre doce metros de ancho por treinta de largo. Se daban tres turnos de clases al día, bajo el sol radiante de Cuba; candela viva era lo que hubo allí, especialmente durante el último turno del día que comprendía entre la once de la mañana y la doce y media, que era el último turno en la mañana. Una verdadera esclavitud, parecía que el sol nos achicharraba, algo insoportable en aquel reducido espacio. Ahí dábamos clase tres profesores, en el cual muchas veces no podíamos cumplir el plan de trabajo establecido, en primer lugar; porque no había las condiciones suficientes para su buen desarrollo. En segundo lugar no había los suficientes medios deportivos en el área de trabajo, etc. Sin embargo, había que hacer un esfuerzo por cumplir el programa, ya que cuando venían los supervisores a inspeccionar las clases, los niños debían saber lo que estaba programado en su aprendizaje. Así que bajo aquellas dificultades en que nos encontrábamos y muchas escuelas en el país, debíamos inventar para cumplir lo establecido. La situación del país se volvía más difícil, el bloqueo se acrecentaba, la ayuda de la Unión Soviética no daba abasto y comenzaba a ser peor cada día. No obstante, yo tenía fe que la situación del país iba a mejorar si había un pueblo unido a la revolución y sus principios. Mis pensamientos eran ver más allá de las dificultades y avanzar por el bienestar del pueblo, Dios había puesto en mí ser un sentimiento humanitario.

La Competencia Internacional en Suecia.

En aquel entonces yo pertenecía al equipo nacional de Cuba en Carrera de Orientación y había obtenido experiencia en eventos internacionales como Bulgaria, Checoslovaquia, Polonia, Alemania y otros países. Así que siendo profesor de la escuela primaria también entrenaba duro para poder ir a eventos internacionales, algo soñado por nosotros para poder viajar. Los atletas debían ser seleccionados entre los doce mejores de los eventos nacionales, y luego pasar una prueba eliminatoria.

En el verano de 1987, después, de haber hecho una gira por Checoslovaquia y Alemania, participé en una de las competencias más importantes del mundo de la Orientación en *Östegotland*, Suecia. En la competencia *O-ringeni*, con el número 6926. Suecia fue un país totalmente desconocido para mí, hasta que tuve la oportunidad de estar allí; me impresionó por sus bellezas naturales, su cultura y su tranquilidad espiritual, así como su política exterior.

En este país comencé a pensar diferente, contribuyendo en mí, ver el mundo de otro modo; la devoción del pueblo en la participación de la cultura física y el deporte. Pude ver al país de Suecia, como un país de progreso social, de tranquilidad nacional, país neutral, no en guerra, si en el desarrollo científico. Suecia, junto a otros países escandinavos a mi entender; era el patrón a seguir para lograr la paz a nivel mundial, a pesar de sus características diferentes.

El haber participado en ese evento me transformo; porque aprendí a ver el mundo de otro modo, aprendí a ver la cultura en un ámbito general, contribuyendo con el desarrollo de la sociedad para vivir en paz. Este país me mostró también sus adelantos científicos, su exactitud en el cumplimiento de su horario de trabajo para la organización impecable de la vida social. Una sociedad sin prejuicio o envidia, un país abierto al mundo.

Yo quedé emocionado desde el arribo al aeropuerto en este país, fuimos muy bien acogidos y atendidos; ya que en el área del evento conocimos al señor, *Pio Bensson*, que con una forma amable nos atendió y orientó sobre la organización del evento. Además, tuvimos asesores técnicos antes y después del desarrollo de la competencia; también teníamos diferentes actividades, como: seminarios, entrevistas, ayudas especializadas y entrenamientos.

Una cosa curiosa, nosotros los jóvenes atletas estábamos participando de las diferentes actividades para aprender de nuestro deporte en su totalidad. Sin embargo, nuestros dirigentes estaban sencillamente paseando, y disfrutando de lo lindo en otras partes diferentes a la que realmente habíamos ido. Fueron cinco días de competencia basados en diferentes recorridos por categorías.

Para el que no sabe, la carrera de orientación es la interpretación geográfica que se hace en su mente, comparando así, lo que veo real en el terreno, y lo que observas en el mapa, para trasladarse de un lugar a otro. O sea, los atletas son dirigidos hacia un sector del terreno o campo, monte adentro entre seis a diez kilómetros cuadrados; por ejemplo: En ese sector o terreno se tiene preparado un mapa deportivo confeccionado igual para todos, el cual le servirá a usted para trasladarse de un lugar a otro. Observando el recorrido señalado o dibujado según su categoría, y leyendo e interpretando símbolos y señales. El ganador es el que primero realice el recorrido en un menor tiempo posible.

En Suecia la participación era muy dura, los mejores atletas del mundo participaban en ese evento, en categorías muy superiores y fuertes. A pesar de nuestra pobre preparación logramos participar y culminar los recorridos durante los cinco días. Recuerdo que en uno de los recorridos mi mejor lugar fue el número ciento veinte, de la categoría (Klass: H 21AK2). Por otro lado, éste fue el evento mejor y último que la delegación cubana participó en una competencia en Suecia. Porque hubo discrepancia entre el jefe de nuestra delegación cubana, militante del Partido Comunista en aquel entonces, y *Pio Bensson.*

Sucedió que este último nos ayudaba con la alimentación, hospedaje y la transportación. Supongo que a través de la organización que él dirigía: Promotor de la Carrera de Orientación a nivel mundial por (IOF). El observó que por segunda vez, ya que el año anterior había sucedido lo mismo, los dirigentes de la delegación no nos daban dinero para comprar algún regalo ni medio a utilizar en los eventos, esto molestó mucho a *Bensson,* de manera que al final del evento le exigió a la directiva del equipo mediante un asesor técnico, el pago por la participación de nuestra delegación: nosotros los atletas, recuerdo que nos alegramos que hubieran hecho esos debido a que, en varias ocasiones, en vez de estimularnos, su afán era devolver el dinero de imprevisto tal como lo habían sacado, lo devuelven al organismo rector; eso le daba reputación ante el gobierno, pero nosotros pasábamos muchas necesidades. "Ahí se acabó todo" como decimos los cubanos, nunca más salimos y el país se iba endureciendo en crisis económica tomando el carácter de período especial.

Conocí muchos amigos en este hermoso país de Suecia, como, *Ander Avensson,* quien fue atleta reconocido en Suecia, él me ayudó en muchas cosas durante mi estancia en este lugar, como: la técnica para correr mejor en los recorridos de la carrera de Orientación, también me paseó por la ciudad donde nos encontrábamos, me compró algunos regalos para que trajera para mi país.

De todos los participantes incluyendo los cubanos el único de color o tez negra era yo, provocando algo extraño entre los participantes en el evento, como los niños por ejemplo; me preguntaban si yo era de África, me tocaban el pelo y yo embroma le decía; es duro, pero es pelo. Ellos mientras yo me reía, se quedaban extrañados; me tiraban fotos como si fuera algo extraño para ellos.

Lo que más me impresionó fue la participación de todos los atletas, no le puedo asegurar la cantidad; pero éramos muchos; alrededor de diez mil o más participantes de Suecia y de todas partes del mundo, sobre todo ver correr personas de la tercera edad; personas entre los 80 y 90 años, personas minusválido, niños de 6 años, esos fue impresionante; vi también a los funcionarios y dirigentes del evento, como: entrenadores, jueces, organizadores; incluso de otros países, que participaban como atletas, haciendo también lo mismo que los atletas hacían, menos los dirigentes nuestros. Esto lo hacían debido a que la Carrera de Orientación es como una prueba donde tú mides tu capacidad física, de inteligencia, y psicológica. Es una prueba de valor y el desarrollo de las actitudes físicas para proporcionar bienestar y deleite. Ellos cuando le tocaba su turno de salida, sin más allá que acá se quitaban sus trajes, poniéndose sus ropas deportivas y a correr en el evento. Esto fue una gran lección para mí, a tal punto que cuando yo era profesor en mi país, pues, hacía lo mismo, no estaba tranquilo si no probaba el sabor de un recorrido, en las competencias nacionales y provinciales, dando el ejemplo a mis alumnos.

Suecia me conquistó el corazón, yo estaba tan emocionado que dije reflexionando.

— ¡Esto lo voy hacer en Cuba!

Así comenzó la idea de trabajar para mi patria, dije.

— Es hora que yo demuestre todo lo aprendido desde la edad escolar hasta la Universitaria — reflexionaba yo—. ¡Quiero hacer algo por mi país! —seguía pensando.

Incluso recuerdo aquel momento en que tomamos el bus que nos traía de regreso al hotel donde estábamos hospedados, yo reflexionaba con mi cabeza llena de ideas; transitaba en mis pensamientos la solución de nuestros problemas y cómo podría solucionarlo, en ese momento clamé diciendo.

— "Despierta Jorge, en Cuba es diferente"…

—Sí es diferente, claro que es otro sistema; más con un poco de esfuerzo y colaboración de muchas personas lo haremos — insistía yo—. No es igual, pero enalteceremos nuestro pueblo, forjaremos y restableceremos nuestra federación de orientación. Nos daremos a conocer ante el mundo como uno de los países en el desarrollo de este deporte, lucharemos hasta que la cultura física forme parte de la salud de mi patria. Esa fue mi idea, mi filosofía, mi esperanza, mis deseos para con mi pueblo cubano.

En esa etapa de graduado ya con veintisiete años empezaba a tener responsabilidades sociales.

—Me será difícil —decía yo—. Pero con el apoyo de las instituciones estatales, trabajando duro sin importar salario ni hora, se logrará.

Ésa era mi idea, sueños empíricos, mas eran ideas, ideas de un joven revolucionario, nacido con la revolución, joven entusiasta como muchos que existen en el país, sinceros, leal a la patria. Yo quería trabajar y hacer algo bueno, ser útil al pueblo, pero no imprescindible. Pensaba yo esto sin saber la falsedad del sistema socialista donde impera también la mentira y el engaño. Yo estaba ajeno de la situaciones y órdenes políticas internas en el país, de la diferencia entre ser del Partido Comunista y gente normal y corriente del pueblo. Muchas veces es demostrado lealtad a mi país en innumerables eventos, ejemplo: cuando viajé a Venezuela con veintitrés años y no deserte, así mismo en Canadá, España, Alemania y otros. Le mostré lealtad en el estudio, el trabajo, numerosos planes al campo, en la agricultura, sin ser militante del Partido ni de la juventud Comunista. Leal en la guardia del comité de defensa de la revolución (CDR), en las movilizaciones militares, en los desfiles y actos revolucionarios. Leal en haber sido un joven de su tiempo, sano mentalmente, sin mancha, sin rencor hacia el gobierno, trabajador, estudioso y forjado para la revolución cubana socialista. Yo tenía derecho a soñar y mis sueños se cumplirán; porque son por mi pueblo, éste era mi pensar en aquel momento. Pero (Mi filosofía cambió).

¿Por qué cambió mi filosofía? Porque los muros muy altos y unidos, no dejan crecer la nueva semilla plantada por miedo a sus frutos.

¡Cambió mi filosofía! Porque en ese gobierno no hay amor, no hay justicia, ni hay libertad. Mi filosofía cambió, porque las ataduras y los yugos, no pueden romperse bajo el poder totalitario, falso y engañoso, de intereses propios, ideológicos; dando al traste con el pueblo. Vive sobre Cuba un sistema de idolatría satánica imperante que ha traído pobreza y división por décadas y cada vez más contribuyen a la destrucción de la sociedad cubana. Mucho están anexados en la brujería, hechicería y pactos satánicos, que el sistema incluso lo apoya como parte según ellos de la idiosincrasia del pueblo cubano; mentira de Satanás que el señor Jesús lo reprenda.

Mi filosofía cambió, porque era ignorante a la palabra de Dios, el dueño y creador de la verdad, el principio y el fin, el alfa y la omega, el dador de la luz eterna para la salvación humana.

En este libro hablo la verdad; porque, aunque amo a Cuba y su pueblo, ahora soy hijo del Dios viviente donde he encontrado lo que nunca me dieron en el mundo, paz, gozo, amor. Solo en él puedo encontrar la honestidad el carácter inigualable de la personalidad por el bien de los demás. Él es mi Salvador, a nada le temo; porque mi meta y mis recompensas están en Él, para vida eterna. Ahora no solo soy de Cuba sino de todos los países del mundo. Él cuidará de mí; porque mayor es el que está en mí que el que está allá fuera. Y aunque se levante un ejército contra mí no temerá mi corazón, aunque contra mí se levante guerra yo estaré confiado. Hablo en el nombre de Jesús, rey de gloria, a él sea toda la alabanza. Hablo por los necesitados de todos los pueblos.

Ante que mi vida y mi filosofía cambiara no sabía nada de la fe en Cristo Jesús y de los derechos humanos, no sabía nada de la existencia del reino satánico y sus regiones celestes; y cómo voy a saber si alguien no me enseña; no conocía a Dios, de haberlo conocido seguramente me hubiera ido mejor.

Confección del club de Carrera de Orientación

Todo comenzó cuando decidí confeccionar en Cuba un Club de Carrera de Orientación. Luego de haber adquirido una vasta experiencia en eventos deportivos nacionales e internacionales me dispongo a confeccionar el club de carrera de orientación en el terreno de la escuela Carlos Astiazarain Turro; del municipio 10 de octubre, reparto Luyanó. Ciudad de la Habana. Comencé escogiendo niños de tercero, cuarto y quinto grados, al principio las clases se daban en la misma escuela con el cuidado de los niños; ahí fui introduciendo mis conocimientos con vista hacia el futuro.

Ellos serían los futuros campeones y entrenadores de todos los que se incorporan al club, los cargos, como: control de las finanzas, presidente y vicepresidente así como el responsable de la organización técnica, el divulgador, etc. Tratábamos que fueran los propios niños, los que ejercieran estas funciones, especialmente los más grandes.

También me la arreglé para que los niños se mantuvieran en el club unidos, aprendiendo algo tan difícil como la carrera de orientación. Lo que hacía para lograr este objetivo: era que mezclaba las actividades recreativas del Campismo; como nadar en la piscina, montar a caballo, patinaje, montar bicicleta, jugar voleibol, béisbol y otros. De modo que los alumnos se divirtieran durante los días de celebración del evento principal y por el cual fuimos a competir que era la carrera de orientación. La actividad antes dicha, se puede celebrar no solamente a pie sino también puede hacerse en moto y bicicleta. En los países europeos también se hace en esquíes, además los eventos principales se celebran en el campo, pero también se realiza en las ciudades. Nosotros los cubanos debido a las condiciones económicas que presentábamos, lo hacíamos a pies (corriendo), en condiciones difíciles sin presupuesto económico, de recursos técnicos y del apoyo gubernamental.

Para introducir a los niños en el conocimiento de la actividad, primero le daba clase teórica y luego le enseñaba la práctica. Los conocimientos teóricos se basan en conocer y aprender a identificar las simbologías topográficas, trazado de los mapas, su escala, distancia y la definición de los colores. También en esta parte debían conocer que era un recorrido como parte fundamental de la actividad, además; cuál era la meta y la salida, conocer cuál era el norte y el sur de los mapas, etc.

En la práctica enseñamos cómo orientarse desde el lugar con la ayuda del mapa y la brújula; conocer que era un punto de control y marcar la tarjeta como constancia que usted estaba o fue al lugar señalado. El aprendizaje práctico lo hacíamos en el patio de la escuela donde confeccionamos un croquis (dibujo de un pequeño mapa de la escuela) de todos sus contornos y construcciones. De modo que los niños pudieran orientarse y buscar puntos de controles, tomando azimut o la dirección correcta donde está el objetivo a buscar que es un marcador, señalado por una banderola de color blanco y anaranjado.

Todos estos medios y materiales eran rudimentarios, construidos por nosotros mismo, fijándonos por los ejemplos que traíamos de esos países visitados. El hecho de ver un grupo de niños aprendiendo el deporte Carrera de Orientación, me llenaba de gozo ya que tenía mucho amor por lo que estaba haciendo. Tanto era así que mi horario de trabajo como profesor de educación física era de 8 a.m. hasta 4 p.m.; ocho horas y cinco días a la semana; pero daba clases en el Club, tres veces a la semana fuera del horario de trabajo, sin incluir los fines de semanas donde llevábamos los niños a actividades culturales tales como: cine, teatros, museos y otros.

Tener amor es algo importante; el amor es como el motor impulsor para desarrollar cualquier cosa; por el amor usted puede llegar a dar su vida. Si yo hablase lenguas humanas y angélicas, y no tengo amor, vengo a ser como metal que resuena, o címbalo que retiñe. 2 Y si tuviese profecía, y entendiese todos los misterios y toda ciencia, y si tuviese toda la fe, de tal manera que trasladase los montes, y no tengo amor, nada soy. (1Co 13: 1- 2). El amor al trabajo, el amor a mi patria, el amor al deporte; fue la clave fundamental para tratar de hacer lo difícil posible, con tal de ser útil a la sociedad, ése era mi sentir, de modo que trabajaba horas extras sin salario alguno, ya que no lo hacía por dinero sino por amor.

El Club comenzó con quince niños, por supuesto no entendían nada; pero con paciencia y perseverancia, poco a poco fui introduciendo el interés por la Carrera de Orientación y el éxito del Club. Para lograr este objetivo, una de las cosas que hice fue: combinar el deporte con las actividades recreativas, como: monta de caballos, montar bicicleta, nadar en piscina. Recuerdo la vez que estábamos preparando la ida a uno de esos lugares turísticos situado al este de la Habana, su nombre (La Cueva de Bella Mar). Un lugar precioso rodeado de playa y campos, muy bueno para hacer las actividades deportivas recreativas. Las instalaciones recreativas del Campismo eran de lo mejor, ejemplo: la piscina, el campo de béisbol, voleibol, y otros. Los cuales disfrutábamos mucho. También hacíamos fogatas, cantábamos, bailábamos alrededor de ella hasta alta hora de la noche, de manera que despejamos toda carga de preocupación por el diario vivir que teníamos los cubanos en esa época caótica reinando en Cuba.

Esta vez que fui al Campismo con los niños, me la jugué; porque a pesar de lo bonito y sabroso; el carácter por lo general intranquilo de los niños me hizo trabajar más, por las conductas y cuidados de ellos que otras cosas. Todo el tiempo estaba en vela sin perder de vista; ya que, de suceder algo a esos niños yo iba directo a la cárcel y también mi profesión allí terminaba. Ir al Campismo es algo precioso e importante; pero el problema o la muralla más grande a cruzar fue:

1- ¿Cómo conseguir la transportación de ida y vuelta, teniendo en cuenta que la situación de transporte en el país era caótica? No había transportación para mover al pueblo de acuerdo a sus necesidades sociales.

2- ¿Cómo conseguir alimentación de estancia en aquel lugar por varios días? Habiendo necesidad en nuestros hogares.

3- ¿Cómo conseguir el aseguramiento del lugar, para hospedaje durante esos días, para tantas personas que participan en el evento?

4- Que durante la celebración de la actividad no sucediera nada, porque nosotros íbamos a ser responsable de cualquier accidente.

Para nosotros resolver todo este problema de aseguramiento de la actividad teníamos como principal medio de transporte una bicicleta. Yo casi siempre pedía una bicicleta prestada, de mis amigos o compañeros de trabajo para ir a hacer, las diferentes gestiones de contrato, para la transportación en ómnibus que nos llevaría y traería de regreso, alimentación, etc. Había muchas empresas que no podían; pero siempre había alguien que nos colaboraba, debido a la persistencia. La transportación era clave, había que pagar excesivo para que el jefe de transporte nos facilitara el contrato; claro que ahí se buscaba algunos pesos. Luego permitir que el chofer fuera con su familia o novia, amigos, de modo que debía tenerlo asegurado, y eso no era cosa fácil. Muchas veces iba dos o tres veces a la empresa de Ómnibus para encontrarme con el jefe de transporte ya que era difícil de encontrar. Todas las semanas buscaba a alguien que me ayudara en esto.

Lo mismo sucedería con las empresas de Campismo, que garantizarían el hospedaje durante tres o cinco días de estancia en el lugar, casi siempre los fines de semanas. Muchas veces andaba con cuatro mil a seis mil pesos cubanos en los bolsillos, este dinero siendo de los miembros del Club y los activistas para las gestiones, como: transporte, hospedaje, alimentación y demás. Me gustaba pagar por adelantado los contratos, en esto era muy veraz y fiel. Además ni un centavo ganaba por hacer esto y mucho menos extraer dinero de los miembros para mi beneficio; si andaba con cuatro mil para el pago de algo, cuatro mil pagaba. Además guardaba mi recibo como garantía de pago y para cuidarme de los que me pudieran enjuiciar.

Es muy importante ser honesto y fiel a lo que amas, no vaya a ser que cualquier error va a parar a la cárcel como una pelota, en menos de veinte y cuatro horas te desaparecen; tomando en cuenta que la actividad del Club era ilegal, ya que lo hacía abajo mi responsabilidad como director del grupo y también como atleta del equipo nacional cubano. Ninguna organización ejemplo: los centros escolares, los centros deportivos, dirección de deportes nacionales o provinciales no podían ayudarme ya que no tenían fondos, además estaban regidas y subsidiadas por los mandamientos del gobierno, de modo que no podíamos conseguir ninguna ayuda con ellos.

A veces que iba a los lugares o cualquiera de las oficinas para hacer trámites de algún tipo, inmediatamente me conocían por la seguridad y el orden que le ponía a estos contratos. El hacer competencias o actividades con cierta cantidad de personas no era ilegal; pero se habían escuchado casos de muerte por accidentes, perdidos, ahogados, gentes con bebidas alcohólicas, pandilleros. Incluso, yo mismo tuve que salvar la vida de una persona que se estaba ahogando en la piscina. De modo que yo era consciente de los peligros, porque lo viví; pero el amor por hacer algo sobrepasa todo entendimiento. Todas las actividades de acampadas son peligrosas; pero continuábamos gracias al amor.

El amor no se goza de la injusticia, mas se goza de la verdad (1Co 13: 6).Y la verdad era que esa gente necesita alegría, gozo, libertad, necesitaba salir de la prisión del que comer, de cómo vivir, de cómo pasar el tiempo de necesidad. Debo decir sin temor a equivocarme que mientras más crecía el Club; muchas personas me ayudaran en la organización y seguridad del Club e incluso de la divulgación del mismo.

Cómo creció el Club.

La primera vez que decidimos llevar los niños al Campismo, llevé los más grandes entre diez y doce años, quinto y sexto grado, fueron un total de quince. En aquel entonces me ayudaba un profesor amigo mío llamado Juan Rojo, y los padres y las madres de cada uno de los niños que eran miembros del Club. Aquellos niños disfrutaron mucho durante la estancia de aquel lugar, había mucho gozo, alegría por doquier, los mayores cocinaban para todos. Los niños después del entrenamiento, se gozaban en gran manera en la piscina, montar a caballo, caminata de exploración. Ellos se divertían muchísimo; pero nosotros los profesores y algunos padres estábamos con los ojos bien abiertos, observando, para prever cualquier accidente. Cuando regresamos de la actividad el domingo en la noche, al otro día lunes no era necesario que yo promocionara ni divulgara la actividad del Club en la escuela. El Club que se llamaba "Senda" impactó debido a que los mismos niños se encargaron de decir a sus amigos del barrio, sus vecinos, familiares, sobre el desarrollo del Club y cómo la pasaban en los diferentes lugares que iban. Todos los martes eran los días de entrenamiento, pues ese día se duplicaba la cantidad de miembros del Club. Así fue creciendo de manera tal que se extendió hasta alcanzar jóvenes de escuelas secundarias o sea de décimo y doce grados. A los dos meses de haber comenzado ya oficialmente tenía un listado de sesenta y cuatro jóvenes practicantes. De hecho todos los años que estuvimos dirigiendo el Club fue el más numeroso del país. El mismo creció también por la incorporación de las familias y activistas con deseos de pertenecer a la organización. El Club llegó a reunir, para participar en una actividad competitiva un total de cuatrocientas personas.

También aproveché la oportunidad para pasarles la experiencia, a otros antiguos atletas, de modo que hicieran su propio Club de Carrera de Orientación. Así surgieron varios clubes como: Senda, el Club Cima, Olimpic, Scala; solo en la Ciudad de la Habana. Tuvimos que preparar seminarios, conferencias y competencias ya que otros profesores de todo el país, debían prepararse para este deporte exigido por cada una de las organizaciones provinciales de la dirección de recreación y deportes.

Yo no podía tener el Club escondido.

Un Club o grupo de personas que se asocian y organizan, para llevar a cabo un propósito, no se puede tener escondido, debe de ser público, legalmente constituido y reconocido por las instancias superiores con el objetivo de cuidar sus miembros y protegerlo de cualquier eventualidad. Además, para desarrollar nuevas perspectivas, metas y propósitos con sus leyes y estatutos, con el fin de lograr grandes beneficios para los demás. Nosotros como organizadores del Club necesitábamos legalizar y certificar su autenticidad; porque el mismo se convirtió en una organización masiva es decir con muchos miembros y esto podría traer grandes problemas de seguridad, movimientos, recaudación de dinero, alimentación, avituallamiento, promoción y otros. Por lo tanto, fui a buscar ayuda primeramente con la Dirección Nacional de Deporte la cual está situada en Ciudad de la Habana, allí nos negaron la ayuda. He incluso en una pequeña reunión con un grupo de antiguos miembros de la Federación Cubana de Orientación (FCO); porque en ese tiempo ya no existía, no funcionaba. En dicha reunión le explicaba que estábamos haciendo un gran esfuerzo para mantener en vivo el deporte de Carrera de Orientación. Ellos respondieron que es imposible lograrlo, que sería una locura, también decían que no nos podían ayudar, que la palabra Club era ilegal en nuestro país, ya que se consideraba como un grupo de personas u organización donde podían tramar ideas contra la revolución. Estas palabras que vinieron del presidente de la (FCO), militante del Partido Comunista de Cuba, me dejaron perplejo, anonadado, no podía creer lo que estaba oyendo. Todo lo contrario, el esfuerzo para organizar el Club era con el objetivo de desarrollar el movimiento de este deporte de Orientación en Cuba y a su vez contribuir con las actividades de la cultura física para la salud del pueblo. Pero qué le importa al partido nuestra opinión si no está aprobada por la máxima institución del país, su objetivo primordial era la lucha ideológica revolucionaria y la preparación del pueblo contra el imperialismo estadounidense. Aquí fue cuando comencé a tener pensamientos encontrados; mi ideología y filosofía revolucionaria como que no estaba clara, algo andaba mal de lo que yo había creído hasta entonces; en un sistema por el derecho del pueblo y su bienestar. Yo había creído en el sistema socialista que da paso hacia el futuro de una nueva generación para construir la nueva sociedad comunista. Yo había creído en un sistema revolucionario dando la posibilidad de hacer, a pesar de no tener recursos económicos.

No obstante, la conversación que tuvimos en aquella reunión fue bien seria, donde estaban todos los antiguos miembros de la federación de orientación, perteneciente a la Dirección Nacional de Deporte (DND) que a su vez es dirigida por el estado cubano, todos eran miembros del Partido Comunista de Cuba. Se nos informaba también que para organizar algo a nivel nacional debía estar en el plan del año por la (DND), que es quien controla y dirige. Así también, se hace con los eventos internacionales; si esta organización toma la decisión de hacer el evento, se hace; pero si no, la hacen desaparecer.

Aquello se me estaba convirtiendo de un deseo para el desarrollo de la cultura física y el deporte, en una lucha por los derechos humanos políticamente. A pesar de lo que estaba diciendo aquel dirigente del gobierno que era la verdad; porque él conocía de antemano las leyes y principios revolucionarios mejor que yo. Además debía conocer las mentiras y las falsedades de lo que él creía, por lo tanto no me lo iba a decir, ya que eso era desacreditar la ideología comunista para lo cual él trabajaba. A pesar de todo yo no me desanimaba, sentía mucha pasión para seguir luchando, buscando un camino donde fuera posible justificar el sacrificio de muchas personas.

La responsabilidad social es muy importante ya que nadie tiene el derecho a sacrificar el amor, el entusiasmo de muchas personas apasionadas que puedan perderse si no hay una seguridad, justicia, protección. Había que buscar una solución frente aquella primera muralla, no obstante debíamos seguir, porque en definitiva no había nada en contra la revolución, además sentíamos el deseo de trabajar por lo que amábamos.

Mi fe seguía en pie por el propósito que habíamos determinado alcanzar por el bien de la Carrera de Orientación; así que había una fe superior que venía de Dios, decidiendo continuar. Al principio yo no sabía que la idea de desarrollar el deporte en cuestión iba a tomar tanto tropiezo ni que lograría coger tanta aceptación y extenderse por todo el país. Tampoco conocía que por medio de la investigación, conocería los errores y propósitos ideológicos del gobierno, sus leyes y principios de cuanto debía hacer y que no debía hacer. Lo cierto es que era necesario conocer para saber por dónde debíamos caminar con relación al futuro de lo que estaba haciendo. Nos sentíamos bien confundidos realmente ya que no se correspondía con lo que habíamos estudiado y escuchado, a través del representante del gobierno en sus discursos; otras cosas eran lo que nos enfrentamos cada día de nuestra vida con las instituciones estatales.

Buscando ayuda con el poder jurídico o sea: El Ministerio de Justicia como organización soberana y justa por los derechos del pueblo.

¿Qué es el poder jurídico?

A mi parecer es la autoridad legal para defender la constitución de la república, los intereses más sanos y valiosos de un país, defender su idiosincrasia, su cultura, sus raíces. Defender la autonomía y el valor incalculable de los hombres libres, legislar y salvaguardar la sociedad. La autoridad legal constitucional está para hacer justicia social, económica y política. Debes haber justicia para defender las familias, los trabajadores, los profesionales, los derechos humanos, la libertad de expresión, la unidad. Debes hacer justicia para ser justo e imparcial antes las ideas empíricas del ser humano. El poder jurídico debes ser independiente autónomo para legislar, debe de respetarse y ser respetado, caminar con luz propia para variar, debe de soltarse para maniobrar una sociedad.

Yo como hijo de Dios reconozco que no hay mejor gobierno y autoridad legal Justa, y de equidad, como la de Dios y su reino entregado a nuestro Señor Jesucristo.

Por la diversidad de pensamientos del ser humano, siendo diferentes en el orden creativo; el poder jurídico actuará de la forma anteriormente dicho. La constitución jurídica no puede tener miedo a la brutalidad, la incapacidad, desorden, el avance moderno. No puede ablandarse por nada. El poder jurídico es el ion positivo y negativo de una sociedad libre y moderna.

Al hacer un análisis de nuestro país llegamos a la conclusión que el mismo no tiene para el pueblo un respaldo legal, en el cual se puedan fomentar las ideas y andar con libertad. Sentirse dueño de sí mismo de modo que podamos usar el caudal de talentos en la transformación de una sociedad en desarrollo. Fueron en innumerables ocasiones donde observé que las instituciones jurídicas de mi país servían como bastión inseparable del sistema socialista cubano. Donde solamente responde y apoya la revolución. Una justicia respondiendo al interés de un partido entonces no es justa, la misma da paso a la mediocridad, egoísmo, la incensaste. No importa la opinión de un pueblo; sino a la directiva del gobierno y su sistema, que él es la ley y hay que cumplirla cueste lo cueste, de ahí que una dictadura puede mantenerse por tanto años.

MI FILOSOFÍA CAMBIÓ

Ocurrió un milagro

Miles de cristianos de este mundo dan testimonio de los milagros y las maravillas que hizo Dios en su vida. Recuerdo que no conocía a Jesús, no sabía quién era Jesús de Nazaret, pero gracias a su intervención, tuve una experiencia maravillosa. Sucedió cuando, hubo un momento de mi vida, donde casi pierdo mi reputación como profesor, mi título de licenciado en cultura física. Casi voy preso y quién sabe si me hubieran desaparecido.

Fue la vez que el Comité Municipal del Partido Comunista de Cuba, se enteró de que este profesor y un grupo de activistas organizamos una actividad de acampadas en la afuera de la ciudad. La misma coincidió con la llegada de una tormenta atmosférica que cubriría todo el territorio de Ciudad de la Habana y Provincia de la Habana. Dicha tormenta fue anunciada a todo el país por la radio y la televisión cubana.

Al enterarse el Comité del Partido de que yo y un gran grupo de estudiantes, padres, atletas y activistas nos íbamos hacia la acampada. Me mandaron a buscar a través de la dirección del centro. Al llegar yo allí, ya conocían hasta donde yo había nacido, luego me trataron de impresionar advirtiéndome que sería culpable de las consecuencias, al desobedecer su orden de suspender la actividad de acampadas. Por supuesto al yo verme en esa situación donde nunca estuve me puse muy nervioso. Era la primera vez que una alta institución del gobierno me impugnaba algo; era lógico que estuviera impresionado delante de ellos; porque podía caer preso, una situación bien difícil ya que nunca lo había estado, en este país quien desafié al estado cubano no sabe dónde irá a parar. Recuerdo que la solución para que yo no tuviera problemas, era no ir a la actividad recreativa, pero le dije.

—Realmente ya se hizo el pago con antelación de todo lo concerniente a la actividad, debido a la situación económica del país era necesario hacer el aseguramiento con tiempo de antelación, todo está listo —proseguí diciendo—. El pueblo no va a hacer caso a la tormenta y van a querer ir a la acampada, ya que ellos preparan lo mejor que consiguen para pasar unos días agradables fuera de sus hogares y olvidar la situación en que vivimos.

Los dirigentes del partido me impusieron que debía suspender la actividad y que debía decírselo, ya que yo era el responsable por cada uno de ellos. No sé de dónde saqué valor, porque tuve fuerza en mi espíritu para decir.

—Yo comprendo la situación y voy a tratar de persuadir al pueblo en cuestión, pero si ellos deciden ir al campismo yo iré también. Porque yo soy el responsable de todo lo que se organizó y por las vidas de todos los que fueran a aquel lugar.

Mi respuesta no fue del agrado para ellos, se miraron el uno al otro y luego me miraron con cara de asombro, como quien dice.

— ¡Y este quien se cree que es para que venga a imponernos su criterio!

Al mirarme dieron su orden como de general de mando hacia un soldado advirtiendo.

—"Traté de convencerlos; porque usted será el responsable".

Así que no tuve más remedio que regresar a la escuela en la bicicleta. Todo el pueblo que iba a la actividad estaban reunidos esperándome; los Ómnibus también estaban allí listos para la partida. El cielo se había puesto cada vez más oscuro, amenazante de una gran turbulencia. Al llegar al lugar el pueblo al verme comenzó a gritar de alegría. Yo inmediatamente me subí a unos escalones frente a la puerta de la escuela, de manera que yo estuviera más alto que el pueblo participante en la actividad y me escucharan diciendo.

—Mis queridos amigos de la actividad, las autoridades del partido me han advertido que suspenda la acampada, porque como ustedes pueden ver hay anunciado una tormenta, lo cual es peligroso para nuestras propias vidas.

—Muchos respondieron—. ¡Qué dice el partido ni ocho cuartos, queremos ir a la actividad!

Sabiendo yo lo que significa desobedecer al partido, es un peligro; respondí con nerviosismo.

—Por favor tomen en cuenta que podemos estar en peligro, podemos ir en otra ocasión.

—Siguieron respondiendo—, "queremos ir", "queremos ir", "queremos ir".

Aunque la mayoría eran jóvenes, fueron los que más entusiasmados estaban, por el enfrentar el peligro de la tormenta. Entonces al ver que mis palabras no iban a cambiar la decisión de la mayoría, decidí dar orden de subir a los Ómnibus. Fue impresionante; porque recuerdo que el último que montó a uno de los cuatro Ómnibus fui yo, y al subir en el primer escalón y aguantado de los soportes en la puerta, giré mi tronco y mire al cielo clamando.

— ¡Dios mío ayúdame!

No sé cómo dije esa palabra, ya que yo no sabía nada de la misericordia de Dios; en ese momento de mi vida y mucho menos de Jesucristo. Lo cierto es que la dije dos veces, e inmediatamente me introduje hacia el interior del Ómnibus dando la orden de marcha.

Entonces sucedió un milagro; fui ayudado por Dios, él tuvo misericordia de mí, de mi ignorancia, por eso hoy puedo decir que amo a Dios con todo mi corazón, porque él me salvó la vida y no fui preso. Estuvimos tres días en la acampada; la tormenta desapareció y luego sobre nosotros hubo cielo abierto, un sol radiante, nos gozamos en gran manera, nadie se acordó de la advertencia que me hicieron, pero yo sí. Sin embargo, no pude darle en aquel momento la gloria a Dios; porque, cómo voy a saber de Jesús, si nadie me había enseñado.

El Dios que hoy conozco me ha librado de la muerte, hizo conmigo lo que hizo con el apóstol Pablo; que en vuestra debilidad él se glorifica y nos trae paz, libertad. Me libró de la pobreza y de la inmundicia de este mundo. Así que, en mi debilidad él se glorifica ya que soy hijo de él; hoy no dejo de darle gracias, gloria, honra. Recuerde un momento débil en su vida, donde usted salió adelante o se libró de algo difícil como la enfermedad, sucedió un milagro sin usted saber cómo; esa fue la misericordia de Dios. Él dice que su misericordia está sobre toda la tierra, no para uno, no para unos cuantos; no para los cristianos, él está para todos los buenos y los malos.

Recuerdo aquellos días de la acampada, fueron preciosos en mi vida, sin embargo, empezaron con tormenta, en peligro, más no pasó nada gracia a Dios y yo pude seguir ejerciendo mi profesión. Debo aclarar que esos días fueron lindos; pero los días más hermosos son estos de hoy, en los cuales, yo puedo entender a través de su gran amor y su misericordia, que Él me ama y me perdona. Hoy estoy viviendo no solamente los días, sino los años más bellos de mi vida, junto a él. Por eso le sirvo y le amo; porque me libró de la muerte no solo a mí sino también a los que estaban conmigo. De manera que usted y yo podemos superar muchos obstáculos, creyendo en fe, que el Dios vivo nos librará de un sin número de dificultades y estaremos rodeado de su gloria.

La preparación para un evento Internacional.

Dos años y medio después de haber organizado el Club de Orientación en el terreno (Senda) y haber motivado a otros profesores para que formaran su propio Club. Llegamos a la totalidad de cinco en total, solo en Ciudad de la Habana; la provincia de las Tunas tenía dos equipos, provincia de Matanzas tenía uno. También habíamos organizados dos Competencias Nacionales con nuestros propios recursos. Pues con esas experiencias, decidimos organizar un evento internacional dejando pasar un año para ordenar bien todo lo concerniente al aseguramiento del evento, escogimos como zona apropiada para la realización del evento. El litoral este de la Habana, por sus características turísticas; con las condiciones de instalaciones como: hospedaje, restaurantes, piscinas y campos de juegos. También, porque posee un territorio muy bueno para la construcción de un mapa deportivo, además con muchos elementos topográficos como: arroyos, presas, ríos, trillos, carretera, línea del ferrocarril, todos estos y otros elementos topográficos para realizar la competencia internacional.

Mirando en una revista de la Federación Internacional de Orientación el calendario de su competencia anual decido planificar una competencia para que sea incluida o tenida en cuenta por todos los corredores del mundo, de modo que puedan participar. Para concretar esto, me reuní con los colectivos de profesores que estábamos al frente de diferentes clubes del país; expresando la idea de realizar un evento internacional; discutimos la idea, además si podíamos o no realizarla de acuerdo a las condiciones caóticas del país. Para desarrollar el evento era necesario contar con dos empresas del gobierno, ellas eran: la empresa de Geodesia y Cartografía y la empresa turística Cubamar. Esta empresa de Cubamar se encargaría del hospedaje y el aseguramiento del evento, así como avituallamiento, alimentación, transportación y divulgación del

evento tanto a nivel nacional como internacional. La empresa
de Geodesia y Cartografía se encargaría de la confección de los
mapas deportivos, hasta una cantidad de seiscientos, los cuales,
pagaríamos nosotros en dólares que no teníamos; pero con
pequeño esfuerzo y reuniéndose, podríamos lograrlos. Además
nosotros los profesores y nuevos miembros de la Federación
Cubana de Orientación, funcionaremos en el aseguramiento
técnico de la competencia.

Las empresas en Cuba, son empresa del estado cubano,
tienen que subordinarse a los lineamientos del gobierno; así
informarle de todo lo que van hacer. Por tal motivo el director de
la empresa turística Cubamar se vio obligado hacer una reunión
con todos los involucrados en el evento, ellos eran: nosotros
como cuerpo técnico de la Federación Cubana, la empresa de
Geodesia y Cartografía, un representante del Comité Olímpico
Cubano, además de otros invitados. La reunión comenzó a
desarrollarse de lo más bien; comenzando hablar el funcionario
de Cubamar explicando lo que habíamos acordado de hacer
un evento internacional, los pormenores de la realización del
evento y como ellos podían asegurar la actividad. Luego me
dieron la palabra a mí; donde comenzamos a explicar en qué
consistía la Carrera de Orientación. Cuál era el objetivo de
realizar ese evento tan importante para la comunidad deportiva
de orientación en todo el país, fomentando su desarrollo en
Cuba y darnos a conocer internacionalmente. Además sería
un método más, para la práctica físico cultural y recreativo del
pueblo, contribuyendo así al bienestar y salud del mismo. Luego
comenzamos hablar de cómo se iba a realizar la competencia
técnicamente y el personal de apoyo con que contábamos.
También los trazos de los recorridos de competencia por
edades, colocación de los puntos de controles y demás. Después
de haber explicado con sólidos argumentos, los procedimientos
de parte nuestra. Inesperadamente y con una autoridad de
desacuerdo se levantó el representante del Comité Olímpico

Cubano para los asuntos de realización de eventos deportivos, y expresó dirigiendo su vista hacia mí.

— ¿Quién los autorizó a ustedes celebrar este evento? — Preguntó el dirigente.

—Yo, respondí; lo cual somos una nueva federación de este deporte, ya que no podemos contar con la ayuda de la Dirección Nacional; porque tiene muchas dificultades económicas. Como consecuencia de esto, hemos estados olvidados por casi diez años desde 1987, siendo la última competencia en la cual Cuba pudo participar. Gracias a la colaboración del representante de la Federación Internacional de Carrera de Orientación, *Pio Bensson*, quien nos invitó al evento. Además comprendemos la situación económica que atraviesa el país y la Dirección Nacional de Deporte. Así que hemos decididos hacerlo con nuestros propios esfuerzos y la colaboración de estas empresas; respondió acto seguido.

—Ustedes no pueden hacer ese evento, porque todos los eventos nacionales e internacionales, debe de ser organizado por la Dirección Nacional de Deporte; de modo que aparezca en el plan de trabajo del año de ese organismo en cuestión.

—Así que, deben suspender esta actividad.

Cuando ese hombre dijo eso, yo que soy de tez negra, me puse rojo de la vergüenza, la humillación, la prepotencia de un organismo rector, el cual no puede sobresalir a una situación; tampoco dejan a otros alcanzar lo deseado, aunque sea para liberar las tensiones caóticas que estábamos involucrados. Mi cuerpo se endureció, entrando enojo en mí, debido al carácter represivo por parte del representante del Comité Olímpico, ya que casi estábamos por concluir con éxito la reunión.

La decisión era falsa, sin argumentos lógicos, consideraba que era una imposición, un bloqueo a la libertad; entonces expresé.

—De qué plan de trabajo tú me está hablando en la dirección; cuando decenas de eventos nacionales e internacionales se dejan celebrar por la situación económica del país. Además, un sin números de ocasiones hemos intentados colaborar con la dirección nacional y no tienen condiciones, ésa es su respuesta. Nosotros vamos a colaborar con la realización de este evento, ya que deseamos desarrollar el deporte de orientación. Pero está bien claro que no buscamos ganancias económicas de ningún tipo, sino que lo hacemos entre otras cosas por amor al deporte.

Me pude dar cuenta, que la posición de aquel representante del partido comunista era una posición burocrática, también era una especie de celo institucional. Porque para ellos como institución le interesaba o es más importante dar a conocer al partido cuantas actividades y eventos ellos realizan durante el año; por eso exigía que los hiciéramos, a través de la Dirección Nacional de Deporte. No obstante, ordenó que ese evento no se realizara y que no tenían su autorización, por lo tanto, tendríamos problemas si no lo obedecíamos. Nos estaba amenazando y eso es peligroso en Cuba, cuando no obedecemos las órdenes del gobierno podemos tener problemas. Fue un momento desagradable la cual me sacó de mis cabales y expresé la palabra que nunca se ha usado en Cuba, realmente no sé, cómo pude decir.

—"Te voy a demandar".

Puedo decir que después de expresarlo, me dio vergüenza, ya que no es usual; me imaginaba que todos los presentes se quedaron atónitos y dirían, se volvió loco el profesor; incluso el representante del Comité Olímpico se rió en mi cara como burla. Yo me encontraba furioso a tal modo que tuvieron que calmarme, sentía una decepción grande por la institución del gobierno, y sus mecanismos controladores. Tuve mucho tiempo pensativo por haber dicho.

—"Te voy a demandar".

¿A quién iba a demandar? Al propio gobierno, a las instituciones del gobierno. ¿Tendría yo un respaldo judicial legal para hacer esto? No. ¿Había algún derecho como ciudadano de este país a hacerlo? No. ¿Dónde estaba viviendo yo? Todo esto y más pasaba por mi mente, me sentía decepcionado, que mis fuerzas se debilitaban; fue un duro golpe no solamente a mí sino a todos los corredores de orientación del país; fue un duro golpe a la esperanza.

La Dirección Nacional de Deporte (DND)

El gigantesco Coliseo de la ciudad deportiva, situado en la ciudad de la Habana, Municipio Cerro. Es una de las más elegantes instalaciones construida antes el triunfo de la revolución el cual si usted viaja por allí puede distinguir fácilmente; porque es única en todo el país. Esta es una instalación muy famosa no solamente por su belleza arquitectónica, sino porque por allí han pasado la más lujosas estrellas luminaria del deporte nacional y mundial. Incluso, es donde se han celebrado diversos acontecimientos importantes del país. Es este lugar, la sede de la Dirección Nacional de Deporte y Cultura Física del país. Es en este lugar donde se reúnen y distribuyen hacia todas las sedes deportivas provinciales y municipales, las directrices y planes convicta al futuro del deporte nacional y es el rector económico a nivel nacional e internacional de todo lo que tiene que ver con el deporte. Esta institución dirigida y gobernada como todas las instituciones del país llamases cual sea por el gobierno cubano, respondiendo al sistema socialista. Este organismo deportivo distribuye su organización laborar en dos ramas fundamentales que son: los deportes de altos rendimientos y las actividades de cultura física y recreación.

Los Deportes de Altos Rendimientos los componen aquellos deportes que son Olímpicos y que pueden generar entrada de divisa al país, como: Béisbol, Boxeo, Voleibol, Esgrima, Natación y otros. Las actividades de cultura física y recreación están dentro del departamento de recreación, donde se planifican actos culturales, gimnásticos; también las actividades deportivas recreativas, como: la federación de caza, pesca, la organización de minusválidos; las federaciones, como: la canina, juegos de mesas: dominó, damas, parchís, la federación de patinajes, la federación de carrera de orientación etc.

Por el escaso de recursos económicos de la dirección nacional, debido a la situación del país; los deportes olímpicos son suministrados económicamente ya que tienen prioridad. Cosa que nosotros entendemos, además sabíamos que a través de ellos había entrada de divisas a la institución y al gobierno. Estos eran los casos de los deportes, como: Atletismo, Boxeo, Voleibol, Béisbol y otros. Además, sus aportes económicos ayudaban a que otros deportes que no generaban divisas se mantuvieran dentro del programa nacional e internacional con vista a su participación en futuros eventos como los Juegos Olímpicos. Teniendo en cuenta la cantidad de deportes olímpicos reconocidos por la institución nacional, se pueden imaginar qué recursos económicos podía llegar a nuestro departamento que también atendía diversas actividades deportivas culturales y recreativas. De manera que para la carrera de orientación no había nada con vista al desarrollo de la misma en nuestro país.

A mi modo de ver las cosas, entendemos la situación tan difícil de no tener recursos para ayudar las federaciones como la nuestra; que prácticamente había surgido muy pocos años atrás. De igual modo, no comprendemos que si la institución nacional, no tiene la posibilidad de sostener, a los deportes no olímpicos y otros, por causa de escasos recursos. Pues, debería hacer apertura de nuevas formas de crecimientos y desarrollo, para poder subsistir en esa actividades deportivas; no es bueno dejarlas al abandono, como olvidadas, que un día fue y ahora no. ¿Por qué? En cada deporte no solamente se muestra el talento, también hay involucrados sentimientos de amor y pasión; dos de las cualidades más importante del carácter humano que determina el placer de vivir una vida en satisfacción a pesar de todos los que nos rodea sea bueno o malo.

Qué pasaría, si hay un campo de cultivo de flores que no son tan especiales. ¿Le dejamos de esparcir el agua que es importante para su existencia? Pues ellas mueren. ¿La dejaría morir usted? ¿No serían útiles como ornamenta que embellece y significando algo? Si no podemos desviar el curso del Río para poder regarla con el agua necesaria; pues dejemos o busquemos nuevas soluciones para que puedan vivir, deberíamos de colaborar en su crecimiento, y escuchar su clamor de auxilio. Colaboremos con ellas en la mejor idea que las beneficien a todas, así mantenemos en vivo su fragancia, su belleza, la cual adornaría el lugar, siendo un placer de satisfacción.

Puede cortar el tronco, pero no puede dejar de alimentar las raíces; ya que es la base fundamental del crecimiento y formación del árbol, para dar buenos frutos, aun en las peores circunstancias. Aquí es donde radica la gran diferencia entre el reino de este mundo dirigido por Satanás el cual con su hegemonía destruye y engaña; a eso vino. Mientras que Dios con su reino está para salvar, restaurar lo que se había perdido. O sea que lo inservible tenga la posibilidad vivir, lo que un día había soñado pueda también cumplirse. Nuestro Señor Jesús es Grandioso, misericordioso, amoroso, es fiel, es el único que no cambia y lo que dice lo cumple. Es el único que nos alimenta con el agua necesaria para vivir y para que seamos agradables delante de sus ojos y admirable al mundo para alabanza de su gloria. Su palabra dice: Será como árbol plantado junto a corrientes de aguas, Que da su fruto en su tiempo, y su hoja no cae; y todo lo que hace prosperará (SAL 1: 3). Solo Dios puede hacer esto si cree. Las instituciones de este mundo no pueden hacerlo; porque no pueden aplicar los principios de Dios, los cuales son: amor, misericordia, fe. Cuando yo entendí lo que Dios me quería decir con esto, entonces mi pensamiento cambió, de un deseo de triunfar a ser un hijo heredero del reino de Dios. Ser hijo y heredero del reino de Dios y vivir dependiendo de Él; y haciendo su voluntad, la voluntad de Dios es que seamos y andemos en justicia, en amor, tengamos paz, que sobrepasa todo entendimiento.

Mi filosofía cambió

La verdad es que el sentimiento humano viene de lo más profundo del corazón; aunque, para expresar la verdad cueste mucha sangre, en la verdad prevalece la honestidad, sencillez, madurez, la responsabilidad; siendo así, limpio como el agua cristalina en las profundas aguas del mar. Quiero expresar la verdad como la erupción del volcán, caliente y explosiva, derramando lava de énfasis y guiones; revocando lemas, pasiones y vayan a morir en la soluciones del progreso social.

La verdad que hubo un tiempo en que; después de hacer varias cosas para mejorar el estado de la Federación Cubana de Orientación como deporte en mi país, me sentí muy triste por las cosas que empezaba a ver y nunca había puesto atención, de manera que fueron cambiando mi modo de pensar y actuar en relación con la sociedad en que vivía. Cada paso es importante, por solucionar los problemas del movimiento deportivo en cuestión, siempre aparecía la voz imperante que decía: tú no puedes hacer eso, es prohibido, no está acorde con el sistema socialista, se considera un acto ilegal. Trayendo seria confusiones a mi vida por lo que había creído hasta entonces. Siempre había confiado en una sociedad justa, sincera, capaz de hacer lo imposible por salvaguardar una sociedad en camino al desarrollo del sistema socialista, transparente y justo.

Mi filosofía cambia debido entre otras cosas, a que no es posible aceptar un problema sin darle solución por el bien de los demás, considerando la libertad de actuar y pensar del ser humano. Cambió mi manera de pensar; porque mi posibilidad de ser un hombre útil a la sociedad fueron tronchadas, la posibilidad de caminar y disponer fueron limitados; mis deseos de disfrutar y compartir no se podían cumplir, debido al control y los intereses propios del gobierno.

A pesar de la situación caótica en que vivíamos los cubanos de aquella época, nosotros los orientadores continuábamos trabajando duro para poder sobresalir del anonimato, decidimos hacer competencias organizadas y premiadas por nosotros mismo en diferentes partes del país. Organizando conferencias a nivel nacional; pero, aunque los hacíamos con carácter deportivo cultural, no había legalidad institucional de los organismos rectores del gobierno cubano. Por lo tanto estábamos desamparados, caminando por el aire sin metas y propósitos garantizados por la sociedad en que vivíamos. Nuestros esfuerzos se convertían efímeros frente al poder totalitario del gobierno, porque dondequiera había obstáculos. También me di cuenta que mis deseos, pasiones, no solamente se convertían en problemas de carácter deportivos sino también de carácter político, de modo que reina solamente un poder totalitario que gobierna por sobre todas las cosas imponiendo su propios intereses. Una cosa que me trajo confusión en toda esta situación fue; cuando en una reunión con el presidente del departamento de recreación expresó rebatiendo nuestros sólidos argumentos, sobre la situación en la que nos encontrábamos con relación a los demás países, por ejemplo: Al comunicar a la Federación Internacional nuestra situación y pedir ayuda, para poder desarrollarnos, dijo el representante del partido: —Recuerden que una cosa es para nosotros como país y otra para el mundo exterior. O sea que no podíamos decirles a otros amigos del deporte ni a las instituciones internacionales deportivas, de nuestra verdadera situación; porque para el estado es necesario representar una Cuba que no existe, un faro que debe alumbrar, pero en su simiente hay muchos caminos escabrosos y lleno de oscuridad.

Esto es una posición cobarde y deshonesta, no de él, sino quien le enseñó; también este es una forma de actuar de Satanás a través de la mentira, que refleja luz, pero en su interior hay maldad, egoísmo, intereses propios que conducen a la destrucción y al infierno. Un pueblo puede ser pobre; pero, si actúa con dignidad su andar será limpio, reconociendo donde está trabajando para mejorar en beneficio de todos, entonces su luz será propia y podrá dar a los demás.

No hay nada de malo ser pobre, en mucha gente pobre prevalece la dignidad y el amor que sobrepasa todo entendimiento. Hay muchos ricos que no tienen compasión, mucho menos amor, nada de los que poseen se los llevarán y su fin será el infierno. Así que, no tengo porque avergonzarme de ser pobre, siempre que, todo lo que hago sea por amor, todo cuanto camine sea en amor, todo lo que ofrezca sea por amor, el amor es la clave para ser justo, desinteresado, honesto.

En 1988 cuando estábamos pasando una de las mayores dificultades económicas, el dólar era penalizado en Cuba, cualquier persona cubana que tuviera dólares podía caer preso automáticamente, no se podía hacer nada, ningún tipo de cambio ni transferencia en dólar. Pues en este tiempo un amigo de Suecia viajó a nuestro país enviado por la Federación Internacional, para ver cómo estaba el proceso de la Carrera de Orientación en nuestro país. Al llegar a la Habana se comunicó con los máximos dirigentes cubanos del deporte e inmediatamente se comunicaron con el director del departamento de recreación y presidente de la Federación de Orientación en el país; para que lo atendiera durante su estancia en el país e hiciera diferentes visitas a instalaciones deportivas, algunas competencias de orientación y algunas instituciones escolares que practican ese deporte y reuniones con atletas. Sucedió que como este deporte no era olímpico ni donde se devengará algún salario sino que era totalmente marginado. O sea que aparecía su nombre dentro del departamento de recreación, pero no funcionaba. El presidente de la federación tampoco tenía muchos conocimientos del mismo, porque ése, no era su trabajo; entonces buscó ayuda en aquellos que como yo, tenían pasión y amor al deporte en cuestión. Al enterarme de la llegada de mi amigo al país me puse muy contento y aceptamos ciertos requisitos para estar con él, durante la estancia en Cuba, como: tener discreción en asuntos políticos y directiva funcional del deporte cubano, por supuesto que no los cumplimos y nos dimos el gusto de hablar la verdad de nuestra situación deportiva y social.

Luego lo invité al centro escolar donde yo trabajaba y había constituido un pequeño club de orientadores, allí le presenté el grupo de estudiantes y como dábamos las clases, además algunos materiales. Luego le presenté el claustro de profesores. Recuerdo que ese día era el día cobro, y delante de él, recibí mi salario mensual que era de 263.50 pesos cubanos, alrededor veinte dólares en aquel tiempo. Aproveché la ocasión para invitarlo a comer en uno de los restaurantes famosos de Cuba; ya que él fue muy espléndido conmigo en su país Suecia, ayudándome y comprando algunos regalos de recuerdo; en reciprocidad a eso y nuestra amistad. Yo le dije: Ander, deseo invitarte a comer hoy, el gustosamente aceptó. Lo llevé al restaurante (La Roca) que estaba situado en el vedado, cerca del cine Yara. Pero jamás hubiera pensado lo que me sucedió en aquel lugar, de haberlo sabido, no hubiera ido nunca por la vergüenza que pasé. Resulta que cuando llegamos al restaurante y una vez que pedimos los más exquisitos platos criollos de Cuba, y comenzamos a disfrutarlos. Todo iba muy bien hasta que vino el momento de pagar. El mesero que nos atendió se acercó a la mesa con dos cuentas a pagar, una para mi amigo Ander y otra para mí, y me dijo: él debe pagar en divisa o sea en dólar. Inmediatamente me levanto y le digo: debe de haber una confusión, este caballero ha sido invitado a comer con nosotros, ¡yo pago por él!; pero el mesero siguió insistiendo y no quería aceptar mi propuesta. Entonces me fui alterando, mi enojo aumento; porque yo sabía que eso era un acto bochornoso, triste, que me causó tanto dolor; porque yo deseaba ofrecerle la mejor atención a mi amigo, hacerlo sentir acogido, estimado, "pero no puede"; porque hay regulaciones infundadas, sinsentido, y que hace mucho daño. ¿Qué tiene que ver la invitación a mi amigo con la situación económica de un país? Oh que yo le pague a otra persona mas o varias personas extranjeras, acaso los invitados son diferentes a mí, o el alimento ofrecido tiene un destino especial el cual yo no soy digno de representar. Así argumentaba yo frente a los que estaban allí presente. En ese momento se armó una gran confusión, mi ánimos se alteraron, comencé a vociferar, vino la policía y trató de calmar los ánimos; pero yo le seguía insistiendo que eso era una falta de respeto y que yo no era ningún delincuente que mi invitación a mi amigo y los que estaban allí, eran por motivos fraternal, recíproco, de unidad para seguir luchando por el desarrollo del deporte en ayuda mutua. Así traté de hacer entender a todos los reunidos entre la discusión, pero fue en vano; hasta que el joven invitado se levantó del asiento y me dijo: no te preocupes, repitiendo. Entonces, me volví a sentar, pero no probé más la comida, estaba bien enojado, pasaban tantas cosas por mi mente, pensaba a veces que quería hacer para avanzar y siempre había un no, no se puede, quería hablar para enmendar y siempre decían: "No se puede", mientras sucedía esto, lágrimas corrían por mi mejillas, estaba triste debido a que nadie entendía mi sentimientos, no había nadie que pudiera comprender que mi sentir estaba más allá de un simple plato de comida, de una satisfacción o beneficio de ganancia de dinero. Mis sentimientos estaban en la contribución de una sociedad mejor. ¿Puede acaso el dinero vencer al amor? ¿Cómo puede desarrollar una sociedad donde prevalecen los intereses del estado solamente?

El amor como el que Dios da, no tiene ningún valor, no hay dinero que pueda comprar ese amor, porque es genuino, natural, viene de lo alto, ese amor que sobrepasa todo entendimiento, desinteresado, rendido hacia lo demás. Este es el amor que yo tenía dentro de mi corazón; pero nadie lo podía entender. Al final de la comida mi amigo quiso dejar algunas propinas, pero yo con todo mi enojo, dije: — ¡No!, —recoge lo—. Porque no se merecen nada. He inmediatamente nos fuimos de aquel lugar, no sin antes haberme advertido que podía caer preso por disturbio público.

Como el lugar que escogí para confraternizar con un amigo extranjero no fue lo mejor que digamos, entonces me obligaron hacer lo que era más prohibido en aquel entonces; que fue llevarlo a una casa común del barrio de Centro Habana. Allí disfrutamos de un delicioso manjar de comida cubana, tomamos algunas cervezas, bailamos, jugamos dominó y hasta hablamos de la situación del país y como podíamos superar esas situaciones económica. Así nadie nos interrumpió ni tuvimos altercados hasta que se cumplió toda la estancia de mi amigo en Cuba. También nos expresó que se había sentido mejor con nosotros en la comunidad que en los centros turísticos para los extranjeros; yo estuve de acuerdo con ese sentir, pues los lugares turísticos están para captar dinero, pero el pueblo genuino de barrio, da lo que tiene con amor para ganar amistad.

Desde el tiempo cuando me gradué y empecé a coger responsabilidades familiar y social, comencé a notar algunas contradicciones del sistema social imperante; no se correspondía lo que se hablaba, con lo que se vivía, entonces comencé a tener problemas y confusión.

Un filósofo es aquel que habla palabra profética, fortaleza de ánimo para dar esperanza y sobrellevar las necesidades de la vida, es la suposición de una cosa para sacar de ella una consecuencia, lo natural es tener una vida sana, sea en la cultura o en la educación, contribuyendo así al desarrollo de la personalidad del individuo. El gran problema del filósofo es que no puede ser totalitario en vuestra manera de pensar ya que Dios nos hizo diversos, eso no quiere decir que en el desarrollo y bienestar de una sociedad no existan leyes de convivencia social.

Creo que Dios nos ha dado una fe genuina que proviene de él, de modo que si nos rendimos, y aceptamos como nuestro salvador, nuestra vida cambiará para vivir en su gloria. La biblia dice: Si se humillare mi pueblo, sobre el cual mi nombre es invocado, y oraren, y buscaren mi rostro, y se convirtieren de sus malos caminos; entonces yo oiré desde los cielos, y perdonaré sus pecados, y sanaré su tierra (2 Cr 7: 14). Esto quiere decir que; aunque exista la guerra, saqueo, destrucción, corrupción y otros. Si obedecemos los mandamientos de Dios; Él sanará su tierra y perdonará sus pecados. Así como los cultivos son devastados por los incestos, pero pasado un tiempo vuelven a crecer. También hay personas y gobiernos que abusan de los pueblos, usan la filosofía del engaño y los llevan a la destrucción total; no obstante, Dios sanará su pueblo, si se arrepienten de sus malos caminos, ya que lo creó y tiene amor por él.

Cuidado con los falsos profetas y maestros, debido a que algunos de ellos arrastran multitudes a través del pensamiento filosófico, cauterizando sus mentes y siendo seguidores de sus ideologías falsas que conducen a la destrucción por su manera de actuar. ¿A qué me refiero con esto? A los grandes líderes del mundo, los cuales poseen virtudes o dones de liderazgo, e imponen sus ideas hacia un destino de destrucción, el infierno. Piense usted en los grandes líderes de sus pueblos, hacia dónde los han conducido. Ejemplo de ellos tenemos como falsos profetas Karl Marx, Adolfo Hitler y otros. Estos filósofos son rechazados por la Biblia; no la filosofía en sí, ya que todos tenemos nuestra filosofía, buena o mala. Lo que condena la Biblia a través del apóstol Pablo, es la enseñanza que dan crédito a los humanos y no a Dios; el hombre ha creído que no necesita a Dios, ejemplo: como la solución para resolver los problemas de la vida, de manera que se convierten en falsas doctrinas, teoría de engaño y su fin es destrucción, corrupción. El fundamento especial de salvación está en Cristo, nuestro Señor, él tiene la solución a los problemas del mundo humano, el hombre le ha dado la espalda ya que no conoce de él.

Mirad que nadie os engañe por medio de filosofías y huecas sutilezas, según las tradiciones de los hombres, conforme a los rudimentos del mundo, y no según Cristo (Col 2:8).

Debemos entender que el reino de las tinieblas dirigido por Satanás, opera en toda la tierra, usa cuerpos humanos para lograr sus propósitos, estos pueden pasar por inadvertidos, o sea que no podemos ver, pero existen, es real como tú y como yo. Me atrevo asegurar que la desigualdad social regida en este mundo, la prepotencia, el liberalismo y otros, es una consecuencia espiritual influenciada por el reino de las tinieblas, usando los cuerpos humanos; en algunos casos se pueden ver, por ejemplo: las celebraciones rituales a los ídolos, la santería, etc.

Aquel líder o superdotado de las leyes, se enaltece de su propia opinión, de su pensamiento, crea una ideología, una prepotencia la cual trae desigualdad, crisis, engaño. El ser humano no puede luchar por si solo contra tal fuerza del reino de las tinieblas: ¡Cree usted amigo que no conoce a Dios; las influencias del mal, de injerencia provienen de Satanás, reino de las tinieblas, y que solamente puede ser derrotada con fuerza espirituales del poder de Dios sublime, y el Espíritu Santo!

¿Cómo puedo entender esto? Preguntará usted; por ejemplo, si usted vive en un país totalitario como el de Cuba, vivirá sobre un régimen de desigualdad, crisis, pobreza; viviendo una vida de quejas constante contra los líderes del gobierno y ellos a sube le achacaron la culpa de su situación a otros; en el caso de Cuba se dice que la culpa de la situación es, la injerencia de los Estados Unidos en sus asuntos internos, como el bloqueo económico ya que ellos como país subdesarrollado están en desventaja para solucionar la situación de crisis, realmente este no es todo el problema.

Si usted vive en un país capitalista desarrollado, también tiene crisis familiar, económica, desigualdad social; lo cual produce angustia y confrontaciones, ejemplo: cuando tú no puedes pagar a los acreedores por los servicios a tus bienes, o patrimonio. El acreedor llama, e insiste que no ha pagado que te va a llevar a la corte; eso produce disgusto en tu vida, ya que siempre tu ha sido y era un hombre honrado; pero las circunstancias de la vida te llevan a cosas que tú nunca ha deseado. Ahora bien: ¡Cómo es posible si yo vivo en el país más poderoso del mundo! Se supone que yo tuviera todo, nada me faltará. Es que la sociedad de consumo tiene tanto o más problemas que los países pobres.

— ¿Cómo? Preguntaría usted: Porque es una sociedad que lucha y busca mantener la supremacía y el desarrollo social, que lo mantendría en el poder hegemónico del mundo, el enriquecimiento lo ayudaría al dominio total. Esta situación traes desigualdad, crisis de desempleo en el pueblo, angustia, dolor, desesperación, e incluso suicidio. Recuerdo que por pérdida de empleo, bienes y situaciones económicas difíciles en esta década, algunos mataron a su familia y luego se suicidaron. En todo esto, está la actuación del diablo y sus secuaces: La Biblia dice: que él es, el príncipe de las tinieblas de este mundo, mientras se le acabe el tiempo de existencia dado por Dios.

Usted no puede ver ni entender, porque usted no es un hombre espiritual; quizás Dios hasta hoy no se le ha revelado, porque ha vivido en la ignorancia; adorando a ídolos que usted no conoce, como yo no conocía hasta que Cristo me hizo libre y se me reveló: Ahora ¿cómo puedo vivir sin tener angustia, depresiones, sin vicios, desilusiones? La respuesta es Cristo: Acepté al señor Jesús como su salvador y será salvo tú y tu casa, conocerá un reino diferente lleno de amor y paz, conformidad; porque en la sencillez se glorifica Dios para hacernos grandes.

Demos un vistazo a (2 Co 12:7-10) En esta parte bíblica; Pablo apóstol de Jesucristo, tenía un aguijón en su carne; la Biblia no lo explica, pero sin lugar a duda era algo que le atormentaba, algo que le producía debilidad, angustia, sino él no se hubiera quejado. En el V-7 dice que el aguijón era un mensajero de Satanás que le abofeteaba o sea le molestaba, y lo hacía pasar vergüenza; de manera que no podía enaltecerse de su sabiduría, su talento y dones, ya que no eran de él sino de Dios. Algunos de nosotros tenemos aguijones, los cuales nos hacen reconocer que si no es por Dios; no pudiéramos seguir en esta vida. Pablo le rogó al mero mero, Al Gran Rey, al que todo lo puede para que se lo quitara, pero Dios dijo: Bástate mi gracia; La gracia de Dios era el motor impulsor para vivir una vida en abundancia en este mundo de incomprensiones.

Por lo tanto, el conocedor de Dios, el que tiene a Jesús como su salvador puede pasar las adversidades de la vida sea en el desierto, en la tribulación, los gobiernos dictatoriales, traidores, las crisis, o en la sociedad de consumo y otros. El que posee a Jesús a través del Espíritu Santo vence los obstáculos, de cómo enfrentar al que lo aborrece o te inculpa de algo sin tu haberlo hecho; en la necesidades como las crisis de hambre, donde no hay alimentos, donde no hay una ropa con que cubrirte. Algunos cubanos como el que le escribe, pasaron crisis de hambre, económicas, diferentes situaciones que pudimos superar por la misericordia de Dios; ahí está la llave del buen cristiano como dijo Pablo V-10 Cuando soy débil entonces Dios se glorifica, porque él suplirá todo lo que sus hijos necesitan; cuando tú y yo nos hacemos débil; ejemplo, cuando no podemos pagar ni que buscar para alimentarnos, entonces dependemos de Dios, él nos suplirá todo lo necesario y nos traerá el pan de cada día, pero usted necesita reconocer que Dios es tu señor, tu sustentador.

JESÚS EL HIJO DE DIOS

Después de haber salido de la reunión del Comité Olímpico Cubano donde realmente fui decepcionado; mi interés por el deporte y todo lo que había prometido trabajar, por el desarrollo del deporte y la cultura física, desapareció. También yo no quería trabajar como profesor de educación física, la dedicación y la fidelidad que le había brindado durante catorce años no existían. Solo pensaba en el Club de Orientación y su responsabilidad por mantener a sus miembros que habían confiado en mí, dirigiendo los en las actividades recreativas a través del campismo. Debo decir que no me pagaban por hacer esto, pero yo prefería hacerlo, porque me sentía a gusto. Sin embargo, esto creó muchas dificultades a mi vida, como: necesidad de transportación, necesidad económica, agotamientos, desilusiones. Además hacía algún tiempo que yo no me estaba sintiendo bien de salud, si andaba por las calles y de momento me sentía con mareo, tenía que pararme, y recostarme de un lugar, hasta que se me pasara, y volvía a seguir. A veces, yo pensaba y decía: ¡pero cómo me siento así si yo soy deportista, y hago ejercicio todos los días! Llegué a la conclusión que podía ser la mala nutrición.

En junio de 1997, me encontraba en mi pequeña casita, reunido con parte de mi familia, cuando me entero por parte de mi papá de que iba para Guantánamo, hacia la provincia más oriental de Cuba. Entonces me pidió por favor que le cubriera haciéndole la guardia ese día, para que no perdiera ese día de trabajo, pues yo le dije que sí. Eran alrededor de 11:45 p.m. que me encontraba en el círculo infantil ya haciéndole la guardia a mi padre, entonces alrededor de la 12: 00 a.m. a 12:30 a.m. me encontraba dentro de la habitación del círculo infantil leyendo el periódico del partido comunista de Cuba (El Granma). Interesándome por las noticias nacionales e internacionales; de repente y sin esperarlo, fui levantado o sea me sobrevino un éxtasis, donde me vi viajando por el cielo y observando a mi alrededor veías yo miles de estrellas que pasaban volando como si fueran escarcha de nieve. Entonces mientras estaba en esa posición me sobrevino una voz que me decía: "Debes ir a la Iglesia" repitiendo tres veces. La voz que oía era como voz de trueno, y de muchas aguas; poco segundo después volví en sí, como despertando en el mismo lugar donde había estado sentado. Asombrado por lo sucedido me preguntaba ¿qué fue eso? ¿Qué me pasó? Entonces yo comencé a buscar en los alrededores de la pequeña habitación, a ver si alguien me estaría acompañando; busqué entre los pupitres, las gavetas de la cocina, pero sin resultados. A pesar de mi experiencia yo no tenía miedo, volví a sentarme en el mismo lugar para continuar con la guardia del centro infantil, pero esta vez pensando y recordando lo sucedido y memorizando lo que me habían dicho. No obstante, yo estaba convencido que lo sucedido era algo sobrenatural y espiritual. Como yo no conocía a Jesús nuestro Señor ni había tenido experiencia ni conocimiento del evangelio de Jesucristo; se me hacía bien difícil entender lo del éxtasis. También hasta ese momento de mi vida no había tenido una Biblia, de modo que yo pudiera aprender. Solo conocía como todos los cubanos algunas cosas de la religiones paganas proliferadas en Cuba, como: la idolatría y las deidades africanas que desde muy pequeño veíamos por dondequiera de la ciudad, principalmente ligado al paganismo cristiano, la unión de la adoración y cultos a estatuas en la Iglesia Católica, con las religiones (Yoruba –Santería, Africanas) muy populares en mi país y en otros países, como: Haití, Brasil y otros.

Por tal motivo días después asocie aquel hecho, con algún santo o espíritu protector que deseaba su atención y además para que lo conociera; porque me iba a proteger y como eso estaba de moda en Cuba; pues así yo lo creía. Así que fui a buscar ayuda en algunas personas que supuestamente eran expertas en las religiones como (Yoruba- Santería). Fui a casa de mi cuñada la cual según su creencia tenía hecho santo, además servía como médium del espiritismo. Le expliqué la experiencia espiritual que me había sucedido; pero ella no pudo decirme ni adivinarme lo que me sucedió. Luego yo fui con una vecina que según ella, tenía mucho poder y que se dedicaba hacer trabajos espirituales de hechicería y otros. Tampoco me pudo ayudar ni explicarme lo que me había sucedido, si me dijo, que nunca había oído una cosa igual.

La verdad es que en ese tiempo yo no entendía nada; pero ahora que estoy en Cristo Jesús, yo sé que él, estaba tratando de revelarse a mi vida para salvarme; pero producto de mi ignorancia yo decidí prepararme para comenzar por primera vez atender o idolatrar imágenes; de manera que yo sabía que tenía un ángel protector.

Después de esta experiencia yo comencé a tener sueños y revelaciones que años después se cumplieron: una de ella fue; cuando en este mismo modesto cuarto, que vivíamos en un segundo piso, yo estaba durmiendo en mi pequeña cama. Entonces comienzo a soñar que dos ángeles venían volando desde el cielo, entonces entraron por la ventana abierta del cuarto, acto seguido se pararon uno al lado del otro de mi cama y comenzaron hacerme algo en mi cuerpo. Yo durante la operación de lo que hacían yo me encontraba consciente, no podía ver sus rostros, pero si sentía las manos de ellos, sujetándome por los brazos para que no me moviera. También pude sentir como el vuelo de sus trajes y sus ropas tocaban mi cara y mis hombros. Luego de un buen rato yo estaba despierto, reconociendo lo que me había sucedido.

También otro día estoy soñando que yo vivía en otro país y un niño estaba sobre mí jugando mientras yo estaba acostado; el sueño se cumplió cuando algunos años después de septiembre de 1998, yo vine para Estados Unidos. Yo había dejado a mi pequeño hijo de cinco años de edad. Después de cuatro años en el 2001; mi hijo salió del país con su madre a través de la lotería de visa, en lo cual yo pude ayudarlos con dinero para que pudieran salir hacia los Estados Unidos. Al llegar a este país, la madre del niño sin yo pedírselo, me dio en custodia a nuestro hijo por mutuo acuerdo. Gracias al Señor con él salieron además de su madre, su dos hermanas, un hermano mayor y el esposo de ella. Efectivamente, el sueño se cumplió ya que pude jugar muchas veces con él, cuando vivíamos él y yo solo, y el resto de su familia fueron a vivir a *Buffalo, New York*.

También antes de salir de Cuba, una persona me profetizó que yo me iba de Cuba y que me veía casándome. Otra de la cosa extraña que me sucedió fue, que pude ver con mis propios ojos; cuando yo, me vi hablando en lengua desconocida, y no yo solamente; sino que vi a mi hermano Alberto y mi padre, hablando en lengua mientras dormían. Otra persona me reveló que los papeles en trámites con inmigración ya estaban firmados y devuelto a mí. Todo esto y más me hizo pensar que el haber hecho la decisión de construir un altar para idolatrar era lo correcto en ese momento. En dicho altar puse una imagen de la virgen de regla, unas copas con agua, también una cruz de madera que en los momentos de salir a cualquier parte andaba con ella. Luego puse en el altar, una muñeca negra que mi sobrina tenía, dedicándosela a la Virgen de Regla; incluso la llevé a la iglesia de la misma, presentándose como dedicación a ella. Le llevaba flores a la Virgen, luego pasaba por todo y cada uno de los santos allí expuesto, tocándolo y pidiéndole en ruego. Le puedo asegurar de que yo, a pesar de ser un profesor, una persona educada a un graduado universitario, era un idolatra mentiroso, porque no sabía nada con relación a la vida espiritual.

Todo esto fue una verdadera ignorancia de mi parte, ya que aunque le ponía comida a otros santos, lo atendía, lo limpiaba, le compraba flores y más, nunca vi un cambio en mi vida de desesperación. También había hecho promesa con San lázaro donde fui corriendo hasta su iglesia a pedirle por mi situación. Todas estas maldiciones y pacto que yo había concebido con mi enemigo de las tinieblas, que el Señor lo reprenda; fueron canceladas, entregándome al único Salvador de nuestras almas, el cual me hizo libre de toda atadura, y me cubre con su sangre derramada en la cruz del calvario y que hoy sigue viviendo como poderoso gigante. No hay otro como él ni en la tierra ni debajo de la tierra y ni en el universo; "El, me hizo libre".

Cada vez que iba a la iglesia la Virgen de Regla; pedía por mi familia, por mis hijos, el deporte, también de mi condición social, e incluso por el país. Realmente estaba muy decepcionado de tanta mentira y abuso del poder en el cual un país como el de Cuba no se podía hacer nada que no fuera dirigido y controlado por poder socialista, aunque fuera de tipo cultural.

Como tenía el deseo de irme del país, ya que no soportaba más tanta indignación, incertidumbre, estaba convencido que irme del país sería lo más sensato que podía hacer, cosa que nunca me pasó por la mente cuando yo viajaba a diferentes países representando a Cuba en el deporte. Nunca me quedé, porque siempre creí en mis gobernantes. Amaba su política del internacionalismo, los derechos de los pobres, la dignidad del pueblo cubano. Sin embargo, mi filosofía comenzó a cambiar, comencé a ver la verdadera cara del socialismo que hasta entonces fui engañado, motivado a creer en una filosofía del respeto al derecho ajeno, la igualdad del uno por el otro. Comenzaba a ver las cosas de una manera distinta, ya que no tenía el mismo sentimiento y la misma pasión por la revolución.

Recuerdo que el éxodo de 1994 algunos amigos de la calle, conocido durante los juegos prohibidos, se preparaban para salir de Cuba a través de una embarcación hecha por ellos mismo; eran pequeñas barcas, rudimentaria, muy débil para la travesía hasta Miami. Yo mismo participé en la construcción de una de ella. Al finalizar la construcción de la embarcación, mis amigos me pidieron que los acompañara; pero yo le dije: No, yo no quiero irme de esa manera, algún día tendré la oportunidad de volver a viajar por el deporte o de alguna otra manera, entonces me quedaré en cualquier país.

Ya hacía ocho años de mi último viaje a Suecia; la situación de crisis económicas cada vez era peor y vivíamos desesperados. Por tal motivo, yo iba semana por semana durante mucho tiempo, a buscar ayuda espiritual en la Iglesia; con el propósito de estar cubierto o protegido por algo sobrenatural, además para que mis peticiones y deseos fueran contestados. Así continuaba realizando plegarias a todas las imágenes que había en el santuario; hasta que un día yo me paré, al frente de la imagen de Jesús crucificado, puesta sobre una cruz de madera inmensa, tenía en su cabeza una corona de espina, su rostro era triste con la mirada hacia abajo.

Estuve parado frente a él por varios minutos, fue entonces que hice la petición más sincera que yo pude haber hecho alguna vez, cuando observé que en su parte superior había un letrero que decía: (Jesús de Nazaret el hijo de Dios). Entonces dije, después de meditar un largo rato: Señor Jesús, yo realmente no te conozco; pero si tú eres el hijo de Dios, tú tiene poder, por favor ayúdame a conocerte y salir de esta situación, yo no comprendo nada acerca de ti a pesar de mis estudios, dame la oportunidad de conocerte mejor, ayuda a mi familia, ando desesperado, sé que voy amarte y honrarte. Con esa petición me despedí de él como si nada hubiera pasado. Muchos años después comprendí que Jesús vive y reina para siempre, en aquel momento su misericordia me alcanzó, como hoy alcanza a millones de seres humanos perdidos en este mundo, su sangre nos salvó y nos libra de todo pecado. Eso fue lo que pasó, él escuchó mi petición, a partir de entonces mi vida cambió, tomó otro rumbo, pocas semanas después sucedió la primera señal del Espíritu Santo. Cuando en esos días cerca de mi casa, yo fui alcanzar el ómnibus que me llevaría hacia la escuela que yo trabajaba, al estar esperando el mismo en la calle de infanta y manglar. Sucedió algo que no esperaba, comencé a oír unos cánticos de alabanza que venían del frente de donde yo estaba, al mirar hacia el lugar, observé que había muchas personas congregadas en aquel lugar. Al ver esto me preguntaba: —¿Qué estará sucediendo allí? ¿Porque cantan y adoran a quién? —reflexionaba yo—. Entonces; inesperadamente no sé cómo fui a parar allí, dentro de la Iglesia, la misma estaba llena de personas que cantaban, los cánticos eran tan hermosos que se me pegaron y tarareaba algunos de sus estribillos por la repetición de los que adoraban. Las alabanzas llenaron mi alma de alegría, me sentía libre, con una paz indescriptible; era gozo, gozo de alegría, parecía y actuaba como si yo hubiera sido un miembro más, que siempre estuvo allí. Mientras tanto la hora corría y yo me había olvidado de ir a trabajar. Al finalizar las alabanzas, todos se sentaron a escuchar el mensaje, y como yo no sabía nada de esto, fui y me senté, en la parte de arriba y hacia la derecha de la iglesia. Al mirar alrededor de mi lugar, observé que el Señor me había preparado un guía espiritual, como un traductor de todo lo que sucedía, era un antiguo compañero de estudio y de trabajo de la que fue mi primera esposa, ellos habían estudiados en la misma universidad, también hicieron práctica docente, en la Isla de la Juventud – Cuba. Cuando lo vi en la Iglesia, fue algo inesperado, una sorpresa oportuna ya que me sentía como un extraño, no conocía a nadie, entonces me sentí más cómodo al saludarlo y sentarme junto a él; así él me indicaba lo que sucedía directamente en el transcurso del culto.

Recuerdo que el predicador era un evangelista del país México, entre otras cosas habían traído algunas ofrendas, medios y materiales deportivos para la iglesia. También el evangelista fue usado por Dios para dar un mensaje maravilloso. Al final del culto el evangelista hizo el llamado de quien iba aceptar a Cristo, yo levanté mi mano derecha sin pensarlo dos veces, lo cual sorprendió a mi compañero, ya que él no lo esperaba, ni tampoco yo. Lo cierto es que me preguntó.

— ¿Tú aceptas al Señor como tu salvador?

— Sí, contesté; pero en realidad yo no sabía lo que estaba haciendo.

Luego bajé hasta el púlpito, mientras bajaba la gente allí presente aplaudían y daban gritos de alegrías. Una vez en el lugar, frente del púlpito, otra joven aceptó al señor también. Parados en el lugar estuvimos juntos por un momento, hasta que el evangelista volvió a preguntarnos si aceptamos al Señor; ambos dijimos que sí. Entonces los que estaban allí presente, se levantaron de los asientos alzando sus manos hacia nosotros, poniéndose en comunión e intercediendo, mientras a su vez el evangelista nos hizo repetir con él la confesión de fe. Luego el evangelista orando al señor por nosotros, nos bendijo y fuimos aceptados como nuevos creyentes, hijos del Dios altísimo, de esta manera fuimos sellados para siempre por la mano del Señor.

Fue muy emotivo el recibimiento gracias al Señor, yo veía que todos los allí presente me saludaban con tanto cariño que me sorprendía; realmente no sabía que tan grande paso yo había dado; uno de los líderes de la congregación se me acercó diciendo con alegría.

—"Hermano, bienvenido al reino del Señor ni usted mismo sabe que suceso tan notable ha sucedido" —dijo sonriendo—. Y era cierto; porque no lo sabía.

Luego yo estuve por un mes aproximadamente perseverando día y noche en mi nueva vida cristiana, iba a los cultos de oración, las vigilias y otros. También participaba en cultos por célula de pequeños grupos alabamos y glorificamos al Señor. Yo nunca fui a un culto bíblico y tampoco tuve el guía espiritual, de modo que entendiera, de qué se trataba la vida de Jesús Cristo y que significaba su muerte para nuestras vidas. Además, no tenía una Biblia en la cual pudiera instruirme, realmente eran muy pocas las personas que las poseían en ese tiempo. Sabía que era un cristiano y debía ir a la Iglesia, escuchaba el mensaje y luego para mi casa, eso era todo. Parecido a lo que le pasó al etíope en pasaje de (Hch 8: 30 – 31) que dice: Acudiendo Felipe, le oyó que leía al profeta Isaías, y dijo: Pero ¿entiendes lo que lees? 31Él dijo: ¿Y cómo podré, si alguno no me enseñare? Y rogó a Felipe que subiese y se sentara con él.

Era un bebé, no entendía por qué el que iba a proclamar la palabra lo hacía para todos los allí presentes, aventajados y no preparados, de modo que tenía que escuchar lo que no entendía. Esto provocó que a los pocos días después, yo tuve una gran decepción, cuando observé, que uno de los líderes de la Iglesia fue usado por el enemigo para cometer una injusticia.

Resulta que este joven era el pastor de los jóvenes, al mismo se le fue entregada una donación de equipos deportivos de fútbol, traído por el evangelista desde México, por lo tanto, el espigado joven organizó un equipo de fútbol para representar a la iglesia, de modo que pudiéramos participar en algunos eventos organizados por las instituciones municipales del gobierno y otras. Al hacer la convocatoria, muchos nos inscribimos para formar el equipo de la Iglesia. El primer día que estuvimos practicando, algunos no tenían la habilidad requerida para formar un gran equipo; he incluso algunos presentaban defectos físicos; pero a mi entender no importaba la condición física, porque era para diversión recreativa de los miembros de la Iglesia; ya que el objetivo era como una forma de entretenimiento entre los hermanos en Cristo. Yo tenía la falsa idea acerca de las personas cristianas que todas eran honestas, limpia de corazón, sin mancha, incapaces de aprovecharse de lo indebido, o menospreciar a los demás, para mí eran gentes diferentes a la acostumbrada ver: Esto fue una gran ignorancia de mi parte, demostrando que no sabía nada en cuanto a la vida cristiana. Mi inmadurez me hizo caer en una trampa que afecta a muchos cristianos hoy en día, cuando no ponemos la mirada en Cristo sino en los hombres.

A la segunda semana de entrenamiento, observé que la mayoría de los hermanos de la iglesia, ya no estaban en su lugar, eran sustituidos por personas no cristiana y del mundo que mostraban grandes habilidades de rapidez, fuerza e inteligencia, listo para competir en cualquier campeonato. O sea que los débiles e inexpertos cristianos fueron desechados. A estos hermosos ejemplares fue a quienes se le entregaron los uniformes que habían traído para la iglesia.

Entonces me le acerqué al pastor de jóvenes, el líder y le dije.

—Oye: ¿Qué pasó con los hermanos de la Iglesia que componen el equipo? El joven me contestó muy contento:

—Eh que buscamos algunos amigos nuestros para que fortalecieran nuestro equipo.

—hermano, el equipo es de la Iglesia, para nuestros miembros, no tenemos que mostrarle a nadie que somos los mejores, yo pienso que esto es para recrearnos como miembro de la Iglesia y podamos disfrutarlo, no importa si sabemos jugar, el propósito es estar unidos —respondí con autoridad—. El joven entristeció su rostro y no me hizo mucho caso. Le dije la verdad, pero reconozco que no tenía la suficiente preparación para soportar tan mala decisión. Era un acto satánico que provocaba la separación entre los hermanos de la Iglesia, fue difícil entenderlo por lo cual me retiré de la congregación. Después de varios años me pregunté: ¿Qué tuvo que ver nuestro Señor Jesús, con la mala decisión que yo tomé? Debía haber comprendido que ellos también eran débiles jóvenes que Satanás los estaba usando; pero cómo voy a entender si nadie me ha discipulado, no me dieron instrucciones. Ahora comprendo lo importante que es mirar el blanco soberano de la paz que es Jesús de Nazaret. También es importante que los líderes y todos aquellos que tienen responsabilidad en la congregación, se han ejemplo de consagración, de igualdad, lealtad antes los demás miembros, especialmente los más débiles, como los principiantes.

Por ese motivo tan insignificante, me separé del camino de Jesús. Incluso, dije: Esta gente de la iglesia son unos falsos, es una mentira; vengo a buscar amor, hermandad y me encuentro con este desastre. Realmente yo estaba equivocado, al querer ver en los creyentes, un pueblo sano, sin mancha, cuando en realidad la mayoría de las personas que van a la Iglesia y aceptan a Jesús como su salvador, tienen muchas heridas, fracasos, decepciones, la cual sólo Jesús puede sanar. Alguien dijo: detrás de cada asiento en la iglesia hay una persona herida o enferma; solo el amor de Dios puede liberarlo de las ataduras o el desequilibrio emocional.

Entre los años, 1990 y 1998; cuando la economía de Cuba se encontraba deteriorada y pasábamos la mayoría de las veces quejándonos de la situación tan difícil que vivíamos. Recuerdo que aun siendo profesor, no podía sufragar mis gastos debido que, el poder adquisitivo era muy alto, y el salario devengado era muy poco, por lo tanto nuestra dificultad para vivir era caótica. Había escasez de todo; el pueblo se alimentaba a través de la cuota planificada, y dirigida por el estado cada mes (libreta de abastecimientos); donde cada mes nos tocaba comprar el alimento; ejemplo: cinco libras de arroz, tres libras de frijoles, media libra de pollo y así sucesivamente otros productos como el huevo, el aceite, la carne que se desaparecía por largo tiempo. La leche que solamente los niños hasta cierta edad podían tomar y muchas veces era en polvo. Con este sistema los primeros quince días, podíamos alimentarnos regularmente, pero después de estos días había que buscársela como fuera, ya sea vendiendo o comprando ilegalmente para poder subsistir. Muchas personas pasaban hambre; e incluso, no tenían qué comer. Por lo tanto, algunos aprendieron a robarle a la instituciones del gobierno, para poder subsistir. También el aceite se demoraba en venir entre dos o tres meses; porque había escasez. Sin embargo, cerca de mi casa había una fábrica de aceite, la cual su producción estaba dirigida hacia las instituciones del gobierno, llamase empresas turísticas del estado y algunos mercados o bodegas en moneda convertible (turística); estaban abarrotadas de aceite y otros productos. Pero: ¿Quién tenía dólares o moneda convertible para adquirir esos productos? Aquellos quienes tienen familiares en otros países y son ayudados.

¿Entonces qué hacía la población? Dependía de aquel que robaba en la fábrica y lo vendía afuera en la calle. Para poder cocinar con aceite, debíamos comprarlos por contrabando, es decir ilegal. De manera, que muchas veces esas personas nos salvan la vida. No solo aceite vendían sino todo lo que usted no puede imaginar para subsistir, como: el jabón, detergentes, ropas, zapatos, arroz, frijoles, etc. Había un comercio entre los habitantes del lugar, una compra y venta para soportar la situación. Todos hacíamos cualquier cosa por conseguir el alimento debido a la situación caótica; pero esto hacía que se incrementara la delincuencia, como: el robo, la agresión, el engaño; de ese modo, la sociedad se va destruyendo generando una crisis total.

Yo también pasé mis malos momentos, siendo víctima del robo y la delincuencia, por ejemplo: En aquellos días yo había regresado de un campismo donde había hecho algunas competencias de preparación para un evento nacional. Aunque el entrenamiento fue bueno con la ayuda de otros profesores, tuve que pasar por un mal momento. Recuerdo cuando regresé del campismo una vez que el autobús nos dejó en la escuela donde yo trabajaba como profesor, yo había traído conmigo algunos alimentos que sobraron durante la estancia del campismo, ejemplo: aceite, frijoles, arroz y otros. Hice un gran paquete el cual pesaba muchísimo; cuando me lo puse al hombro para llevarlo a casa, no podía con él; aun así como no tenía transporte, ni alguien que me ayudara , decidí entonces llevarlo sobre mis hombros y en la cabeza poco a poco. Después de haber recorrido unos ocho bloques, pasaba yo con el cargamento sobre mis hombros por una parte de la ciudad donde habita mucha delincuencia. Conmigo venía mi pequeño hijo Raudel que tendría en ese momento unos seis años, yo tenía que dejarlo que caminara solo; porque el peso encima de mí era tremendo, de manera que yo descansaba al llegar a la esquina siguiente de la calle para esperar por él, o ir a buscarlo de regreso. Así lo hacía todo el tiempo, de manera que el enemigo que estaba viendo lo que yo hacía, me preparó una coartada; cuando yo venía con el cargamento por la mitad de la cuadra. Uno de ellos me aguantó al niño en la esquina donde yo había comenzado, de modo que se me hiciera más distante venir a buscar el niño. Mientras yo volvía a buscarlo, otros delincuentes usando una bicicleta se apoderaron del paquete que yo había dejado, y salieron corriendo; sin que yo los pudiera ver ni alcanzar a los malhechores: el paquete que tenía algún dinero, alimentos, documentos, ropas, etc. Como se pueden imaginar los ladrones hicieron el día, con la situación tan difícil que había en el país, cuando yo regresé a buscar el paquete ya nada estaba allí. Entonces me puse bien furioso y gritaba; porque me habían hecho eso, además me dolía, que hice tanto esfuerzo por llevar algún alimento para mi casa, con la necesidad que había y terminé dándole la oportunidad a unos delincuentes que hicieran su día feliz. Resultado, que llegué a mi casa enojado por el robo que me habían hecho. No obstante, volví al lugar poco rato después a ver si lo veías, pero ni el rastro, tuve que aceptar la derrota. ¿Cómo mejorar esta situación de violencia? Fomentando la libertad de crear nuevos trabajos, e incrementando el desarrollo científico técnico, dar paso de nuevas aperturas económicas, y fomentar las relaciones comerciales dentro y fuera del país; pero nada de esto tiene un final feliz, si no educamos a la sociedad con los principios de sabiduría y el temor de Dios, y puedan alcanzar la salvación de vida eterna en Cristo Jesús, que es lo primero y más importante de nuestra existencia: Amén.

A pesar de ser profesor, sabía que mi sueldo no me alcanzaba para nada; por lo tanto, yo me pude ver en la necesidad de comprar y vender; o sea que compraba al por menor y lo revendía más adelante.

Lo primero que empecé a vender fue hamburguesa, embullado por un amigo, así también vendí café traído del oriente de mi país. Luego vendí, alcohol, cigarrillo hecho en una pequeña máquina inventada por nosotros mismo (rudimentaria). Además, vendí jabón, pasta dental y lotería. Todo tenía un carácter prohibido, si nos agarraban haciendo alguna cosa cómo estás, seguro que tendríamos una multa imposible de pagar, e ir a la cárcel por muchos años. En la lotería logré ganar mucho dinero del cual los invertí en otros negocios de mayor calidad, como: el jabón, el cigarro, etc.

Con este ambiente social seguía desenvolviéndome en lo que me gustaba hacer, que era trabajar como profesor para el desarrollo del deporte, sentía un amor apasionado por la actividad deportiva. A pesar de la difícil situación seguíamos perseverando en la realización de eventos nacionales y municipales, organizados por nosotros mismo, y con nuestros propios recursos económicos, ganado en la compra y venta de productos. Algunas veces sufragábamos el gasto de un evento nacional pensando ganar un extra con la participación de los que vinieran al evento como participantes. Nunca pudimos recaudar nada ya que siempre se colaban algunos atletas que no tenían dinero y hacían un sacrificio tremendo por participar.

Siendo ellos los más importantes para nuestro evento, así que no podíamos ganar nada.

También hicimos actividades en la calle donde teníamos que premiar a los ganadores, usando nuestros propios trofeos y medallas ganadas en antiguo eventos nacionales o internacionales. La federación internacional enviaba documentos que tenían lineamientos, reglas y principios a seguir para el futuro de este deporte internacionalmente, así también invitaciones a los diferentes eventos mundiales, principalmente en Europa donde hay mayor desarrollo de este deporte. Yo tenía algunas revistas y libros que recibía por correo, de modo que me mantenía al tanto de todo lo que sucedía en el mundo exterior en cuanto a la Carrera de Orientación. Revisando estos documentos, fue entonces, que apareció la primera señal de tantas veces le había pedido al Señor de irme de mi país.

Resultó que observando la revista de la Federación Internacional de Estados Unidos; observé que estaban haciendo una invitación al equipo de Cuba para participar en el Campeonato Mundial de Orientación *(The 1998 Nike World Masters Games, Portland, Oregon).* Yo inmediatamente escribí una carta sincera a los organizadores del evento, hablándole la verdad de la situación económica del país, lo cual, no nos permitía llevar un equipo a esa competencia. Pero también expliqué, que si ellos podían enviarme una invitación especial particularmente para mí, yo trataría de gestionar llegar al evento con la ayuda de amigos y familiares: Esta carta me costó mucho trabajo escribirla, debido al pobre Inglés que yo poseía, pero con la ayuda de una profesora que me daba clases de Inglés, pude hacer algunos arreglos y enviarla. Realmente no tenía esperanza que me contestaran, teniendo en cuenta que las relaciones entre Cuba y Estados Unidos no existían, además yo no tenía recursos económicos para hacer un viaje como ése, no tenía nada. También el apoyo internacional era nulo; porque incluso para comunicarnos con el mundo exterior era bien difícil, sin un computador para enviar mensaje o recibir informaciones, también no podíamos comunicarnos por teléfono ya que no teníamos. Estábamos como perdidos, en un lugar sin rumbo; pero ahí es donde Dios se glorifica abriéndonos las puertas y provee para nuestra necesidades, sólo que debemos tener fe.

Me olvide por completo de la carta que había enviado y continué con mi vida diaria, como si nada hubiera pasado, un mes y medio después, recibí en mi casa una carta de invitación al evento de *Portland Oregon*. Cuando terminé de leer con dificultad, no sabía qué hacer con ella, era la primera vez que me vi involucrado en algo como esto, de carácter particular. Entonces en mi desesperación cometí un error: Resulta que un primo mío en ese mismo tiempo llegó a Cuba, procedente de Estados Unidos, después de doce años de haberse ido, lo cual nos causó mucha alegría verlo y compartir con él por varios días. Mientras él nos hablaba de sus experiencias, aproveché la oportunidad para hablarle de lo que me estaba sucediendo y quedé con él, que me llevaría la carta de invitación para Estados Unidos, he hiciera gestiones de comunicación y arreglos para mi participación en dicho evento. Poco días de haberse ido, me comunicó por teléfono que la carta de invitación según le informaron debía llevarla a la oficina de intereses de Estados Unidos en Cuba, para obtener visa. Cuando me dijo eso, yo me quería morir, porque fue un error haberla enviado para allá, y también un tiempo perdido, esto provocó que yo estaría esperando la carta devuelta por correo durante cuarenta y cinco días, casi dos meses, hasta que al fin llegó.

Una vez en mi poder, me dirigí a la oficina de intereses de Estados Unidos en Cuba, la cual yo nunca había ido. Al llegar al lugar, me encontraba muy nervioso, ya que tenía entendido que allí no le daban visa a nadie, mucho menos de carácter deportivo, incluso pude ver cómo le negaban la visa a una persona durante la entrevista para el viaje que gestionaba el asunto, parado frente a la ventanilla de la oficina. Cuando me llamaron para mi interrogatorio me dirigieron a la ventanilla número uno que solamente era de carácter oficial, funcionarios diplomáticos y asuntos culturales y deportivos administrativos. Al iniciar la entrevista me preguntaron entre otras cosas: el lugar de trabajo, si era militante del Partido Comunista de Cuba, si era militante de la Juventud Comunista, si había viajado anteriormente a los Estados Unidos. A todas estas preguntas, respondía que no, ya que nunca pertenecí al partido, no había viajado a los Estados Unidos. Pero había viajado a otros países con el equipo nacional de Carrera de Orientación y Atletismo, también me preguntaron por mi datos personales, familiares, amigos y otras organizaciones; al finalizar el representante de la oficina de intereses en Cuba dijo: Bueno nosotros vamos a procesar todas estas informaciones y luego serán enviadas al Consejo de Estado en Estados Unidos, para que sea o no aprobada su visa. Cuando me dijo esto con asombro recibí lo que me decía y respiré profundo, e inmediatamente recuperé confianza, ya que me habían dado una esperanza que no esperaba; me dijo que si me aprobaban la visa me llamarían al teléfono que le había dado. Realmente me fui complacido; había hecho el intento de viajar. Pero no había nada seguro de que me aprobaran debido a las malas relaciones entre los dos países. Dos meses después, venía yo del trabajo cuando al llegar a mi casa, en San Martín # 5 entre infanta y línea del ferrocarril, oí que alguien me llamaba; era mi vecina la única con teléfono en el barrio, gritando: "Chachito corre, te llaman por teléfono desde la oficina de los Estados Unidos" Yo que me encontraba cansado, corrí despavoridamente raudo y veloz hacia el lugar indicado, al llegar cogí el teléfono respondiendo.

— Oigo.

—Es usted, Jorge Cabrales —me contesta.

—Sí, respondo.

—Su visa ha sido aprobada, venga a buscarla dentro de dos días de ocho de la mañana a tres de la tardes.

Cuando yo escuchaba lo que la joven me estaba diciendo, yo quedé paralizado no podía creerlo ni sabía qué hacer, si gritar o saltar; entonces respondí.

—Sí señorita, allí estaré, gracias —y colgué el teléfono.

Al depositar el teléfono en su lugar levanté mis manos y comencé a hacer movimientos de baile, abracé a mi vecina, luego salí corriendo para mi casa, gritando: "me aprobaron la visa, me aprobaron la visa" Entonces abracé a mi cuñado que estaba en mi casa, a la misma vez lloraba de emoción, así fui haciendo lo mismo con cada uno de mi familia y cada uno de ellos me felicitaban con gran alegría.

Mientras yo esperaba la aprobación de viajar a los Estados Unidos; es decir la visa, yo estaba como desorientado de que hacer, me pasaba los días pensando cómo voy a obtener dinero para sufragar los gastos de gestión y trámites. Pues en uno de esos momentos de angustia, tuve una revelación; aunque yo no era un cristiano maduro para poderla entender a pesar de la experiencia que tuve en el Círculo Infantil.

Hubo un día tarde en la noche, escuchaba el eco de una emisora extranjera, que llegaba hasta el lugar de descanso donde yo me encontraba; su programa era cristiano, el radio estaba sobre la pequeña mesa donde yo vivía, el cuarto era bien modesto y pobre, construido de madera, su piso era rojo y tenía algunas rajaduras, su posición era el segundo piso, también había un pequeño cuarto de baño, había también dos camas, la de mis padres y la mía; ese día yo estaba bien cansado y angustiado pensando en cómo iba a resolver pagar tantas cosas para poderme ir del país, me encontraba casi frustrado a punto de tirar la toalla y olvidarme de toda esa fantasía. Yo me encontraba acostado en la pequeña cama y escuchaba el radio, la verdad que no sé quién puso esa emisora que venía del exterior ya que en Cuba no hay radio cristiana. Hubo un momento que, en mi desesperación, mi mente captó lo que estaban diciendo por el radio, donde escuché al locutor decir:

—Joven tú que está desesperado ten confianza, ya que una persona te va ayudar a salir del problema que tú está pasando. Inmediatamente esas palabras se me quedaron en mi mente y me senté en la cama mirando hacia el radio, le presté atención; porque me estaba hablando. Aunque yo no entendía nada de profecía, eso se me quedó dentro de mi corazón, en mi alma y guardé la esperanza. Luego de un mes de lo sucedido, resulta que una tía mía llamada, Bertha Limónta, viajó a Cuba procedente de los Estados Unidos después de tres años sin ir. En su visita aproveché la oportunidad de que supiera lo que estaba pasando, de mi invitación hacia los Estados Unidos por el deporte, además si ella podía ayudarme; por supuesto que ella aceptó gustosamente y prometió que me iba ayudar. Veintiún días después de su llegada a Cuba, mi tía regresó a *New York,* y una vez que estaba allá, me mandó por parte casi todas las semanas 500 dólares hasta completar los dos mil necesarios para hacer todos los trámites. Quién sino Dios hizo que mi tía pudiera ayudarme; yo sabía que fue Dios. Al recibir todo el dinero yo tuve más fuerza, seguridad de que podía escapar de Cuba. Gracias a Dios que tocó el corazón de mi tía y me pudo ayudar prestándome un dinero en dólares, de modo que yo pudiera hacer esos gastos exorbitantes. Como puede imaginar de dónde iba a sacar dos mil dólares para gestiones de viaje. En esa época el valor de un dólar en pesos cubanos era de veintidós; también en esta época se legalizó que el ciudadano cubano podía hacer compra en dólares, ya que dos años antes el tener dólares en Cuba era un delito, lo cual si te agarraban con algunos de ellos podía caer preso hasta quince años. Mi tía confió en mí, sabiendo que yo sé lo devolvería como efectivamente así fue. Nunca es olvidado el gesto desinteresado de esa tía mía hermana de mi mamá; no solo fue buena conmigo sino con toda la familia y amigos, cada vez que iba a Cuba, se dedicaba ayudar y compartir con todos sus hermanos: Ocho años después esta tía murió en un Hospital de *New York*, fue una gran tristeza para mí y la familia; porque realmente ella fue muy bondadosa con todos sus hermanos, hasta el último momento de su vida yo estuve con ella, tratando de apoyar con mis oraciones, para que Dios la salvara y extendiera su días de vida; pero el cáncer la venció; pocos meses antes de su enfermedad, ella aceptó a Jesucristo como su Señor y salvador. Esto muestra que nada es imposible para Dios, él dice: Yo soy Jehová tu Dios, Dios de toda carne: ¡Habrá algo imposible para mí!

Trámites con inmigración de Cuba

Después de esto pensando que lo más difícil era conseguir la visa de los Estados Unidos, lo cual no fue así. Comienzo a prepararme para hacer los trámites con inmigración de Cuba; las cosas no eran como yo pensaba, fue el momento más duro y triste.

Cuando me dirijo a la oficina de inmigración, que se encuentra instalada cerca de veintitrés y M en el vedado, Ciudad Habana. Al llegar allí después de haber hecho una cola enorme, una de la funcionaria revisó mi documentos, luego me dijo: Esta carta de invitación tiene que llevarla a la oficina de consultoría jurídica para que sea aprobada y tiene que pagar 250 dólares por ella, además como tu ere graduado universitario; tú tiene que pedir un permiso de autorización al ministro de educación nacional para comenzar hacer los trámites y pueda salir del país. Cuando aquella oficial me dijo eso me quedé perplejo, no sabía de qué me estaba hablando y volví diciéndole.

— ¡Me puedes repetir de nuevo!

Ella con mucho gusto lo volvió a repetir; entonces yo dije.

— ¿Cómo puedo llegar al ministro de educación?

Yo no sabía ni dónde radica la oficina del ministro de educación y deporte, tampoco había tenido contacto con él. La verdad que cuando viré mi espalda para retirarme, me embargó una tristeza, ya que todo era puro trámites burocráticos, además me molestaba muchísimos el hecho de que yo tenía que recibir un permiso del ministro de educación, como si yo fuera su hijo y dependía de él, mi controlador que me ordena y dispone, la verdad así es como funciona en un país comunista.

A pesar de tener visa de Estados Unidos, me desanimé muchísimo, veía ese trámite tan difícil; no obstante, una fuerza interior me daba fuerza, aliento, como una palmada en los hombros. Días después fui a ver al presidente municipal de deporte del lugar donde yo trabajaba y le dije lo que estaba pasando, que necesitaba una carta de él, dirigida al ministro de educación, José Ramón Fernández; de cómo podía hacer eso, para que el mismo me diera permiso de salida del país, en este caso por motivos deportivos. El conociéndome; porque además habíamos viajados juntos en una ocasión con el equipo nacional universitario; pues me hizo la carta, en la cual explicaba que yo trabajaba como profesor de deporte en ese municipio, que era miembro del equipo nacional de orientación y que era elegido para viajar rumbo a Estados Unidos, con vista a participar en el Campeonato Mundial de Orientación en *Portland – Oregon,* y también otros datos de carácter personales como disciplina antes el trabajo, eficiencia y desarrollo; luego dijo.

—Lleva esta carta a la Dirección Provincial para que el presidente de la institución te la firmé.

Así, el director provincial firmó el documento y me ordenó presentársela al asesor jurídico del organismo rector. Este abogado hizo otra carta de carácter oficial dirigida al ministro de educación con la misma descripciones que las anteriores; pero incluyendo que yo no era del grupo de los profesores potenciales previstos para las misiones de ayuda internacionalista, claro aquí yo dije que no lo era; para que me dejaran salir del país, de lo contrario no me hubieran dejado salir. Luego llevé esta carta a la oficina central del ministro de educación José Ramón Fernández. Al llegar a la oficina del ministro me recibió la secretaria; a ella le presento el caso mío, sobre la necesidad de que el ministro me firmé el documento de autorización para poder salir del país.

La joven oficinista me respondió.

—El problema es, que el ministro está en el extranjero, así que; debe de esperar a que él vuelva y además, si es que la firma, esta carta irá a inmigración por correo no en tus manos. Puede dejar la carta y espere unos días, entonces vaya a la oficina de inmigración, para ver si le aprobaron su permiso de salida.

No obstante, yo insistí por la premura del evento para que no se me pasara.

— ¿Cómo cuantos días se demora todo? —pregunto yo.

—No lo sé, depende de cuando él vuelva, —contestó la joven.

Este fue un momento angustioso que yo estaba viviendo, los días parecen meses; solo pensaba cuando comenzaría hacer los trámites en inmigración de Cuba. Todos los días yo iba a la oficina de inmigración para ver si ya había llegado la carta autorizada por el ministro, fue tanto la insistencia mía que los trabajadores oficiales del lugar allí mencionado, ya me conocían y al verme llegar decían, no todavía no ha llegado tu carta de autorización. Debido a esto, cada día me ponía más nervioso, sobre todo; porque yo tenía poco tiempo para ir a la competencia (la misma se celebrará del 9 al 22 de agosto del 1998). Pasando unos veinte días de yo haber ido consecutivamente a dicho lugar de inmigración y tres días de empezar el evento, me informaron por mediación de un oficial que ya mi carta había llegado. Inmediatamente comencé hacer los trámites legales con vista al viaje; una vez sentado frente a la representante de inmigración, le expliqué; que por la tardanza de las gestiones legales me había atrasado para participar en la competencia.

—Observe que solo faltan tres días para comenzar el evento y yo todavía estoy aquí, le decía con premura.

— ¿Me pueden dar salida inmediatamente?

—No, respondió la muchacha, tú tienes que esperar la autorización de los superiores de inmigración (Carta blanca). No obstante, yo le voy hablar al capitán, jefe de la organización para ver si autoriza.

Segundo después que la joven fue a ver el capitán, yo me puse bien nervioso, por el error que había hecho; ya que si faltaban tres días para la competencia y debía esperar quince días para la autorización de salida, mi participación en el evento no tenía sentido, ellos me podían cancelar el viaje alegando que ya la competencia había pasado. Entonces ahí sentado y frente al escritorio del oficial, oraba diciendo.

— "Dios mío", ¡Qué he hecho, me puede ayudar!

Pocos minutos después apareció la joven.

— No, dice el capitán que debe de esperar los quince días para poder salir.

Yo no hablé más nada por temor a cometer otro error, solo me dediqué a decir sí, no, está bien; sobre la pregunta de investigación que me realizaba la oficial, hasta que terminó la entrevista.

Al salir de allí, solo tenía que esperar quince días para salir del país, los mismos fueron angustiosos; porque yo estaba desesperado por salir de Cuba. Alrededor de cuatro meses de yo empezar hacer estos trámites legales con vista a viajar a los Estados Unidos de América y antes de ir a su oficina de intereses en Cuba. Tenía yo una preocupación grande de cómo iba a conseguir el dinero para viajar y hacer trámites legales sabiendo que eran los más caros del mundo. Esto fue un obstáculo que debía superar; pero antes de que yo lo pensara, ya Dios sabía cómo solucionar el problema mío. Él me escogió y tuvo misericordia de mí al ver mi sufrimiento y angustia en mi vida y los esfuerzos que hacíamos por solucionar aunque sea una parte de los tantos problemas que presentaba esta rígida sociedad, conducida por el régimen de mentira y de abuso.

Una vez que tuve la autorización para viajar, inmediatamente fui a sacar el pasaje; la oficina de estos trámites estaba en lo bajo del Hotel Habana libre, muy famoso por su historia y ubicación. La competencia se me había pasado, así que mi desesperación era por irme del país, la burocracia y el orgullo de un régimen, terminó con una añoranza de participar en un evento Mundial. También terminó con mi relación de mis alumnos que amaba con todo mi corazón. Ellos fueron el motivo de mi existencia, así como mis amigos y todas las personas que confiaron en mí, a pesar de los tropiezos, errores y causas. Una de las cosas que me hizo desistir de continuar con el Club de Orientación y su propósito de desarrollo en la sociedad que vivía, fue. Él no poner en riesgo la vida de tantas personas que desinteresadamente participaban en los eventos con motivos recreativos y deportivos. Pero, para que esto sea un éxito debes haber un respaldo legal, de las instituciones jurídicas y administrativa gubernamental, organizada; que responda por la seguridad de los participantes, en caso de accidentes, muerte, en el desarrollo deportivo social. Así que la decisión de abandonar el país se debía también a la profunda decepción de insoportable intransigencia y contradicciones política social; la incapacidad de dar paso a la nueva política de desarrollo físico cultural sin tapujo, la imposibilidad de ser libre en derechos humanos, la incapacidad de colaboración mutua entre los intelectuales y la dirección administrativa del país.

Gracias a Dios que escuchó mis ruegos de salir del país, me ayudó a ser libre, por lo menos de una dictadura totalitaria que solo responde a sus intereses que parecen buenos; pero su fin es de perdición, también iba ser libre de pensar y actuar.

No obstante, había un profundo dolor en mi corazón, en ver a un pueblo bajo una sociedad en crisis económica, política, cultural y deportiva. Por tal motivo mi decisión era viajar, lo antes posible, recuerdo que la joven de la agencia de viaje me preguntó.

— ¿Para cuándo quiere el pasaje? —dijo la agente.

—Lo más rápido posible —le dije—. ¡Tanto apuro tiene!

—Sí, contesté.

—Bueno, el vuelo más cercano es el viernes.

—Yo quiero ese "el viernes" —respondí con entusiasmo—. No, dijo ella. No puede el viernes, porque debe pagar la carta blanca, el próximo será el domingo.

—Bueno el domingo.

—Está seguro.

—Sí, estoy seguro; y así fue.

Este fue el momento más triste de mi vida por dejar atrás la historia de una vida emocional, educativa, cultural, profesional, amigos y familiares. Salí de Cuba el 13 de septiembre de 1998, a la hora 2:30 p.m. en una línea aérea extranjera rumbo a Miami. Y durante los primeros treinta minutos de vuelo mi llanto era constante al pensar que dejaba atrás una historia de amor que nunca concluyó, en la tierra que me vio nacer.

Mi petición de asilo Político

Veía yo por la ventanilla del avión antes de arribar a *Miami*, su costa y la majestuosa ciudad con sus espléndidas carreteras, puentes y parques. En una de sus avenidas observaba la trayectoria de un auto que huyendo de la policía era perseguido a gran velocidad. También me impresionó su aeropuerto, aunque había estado en diferentes países, nunca había visto uno igual. Recuerdo que me puse muy nervioso, realmente no sabía adónde dirigirme. Luego de arribar al aeropuerto saliendo por el pasillo que nos dirige hacia los puestos de chequeo al entrar al país, desorientado clamé.

— ¿Qué debo hacer ahora? Es la primera vez que vengo a los Estados Unidos.

Algunos de los allí presente escucharon mi clamor; "sonrieron" dándome la bienvenida e inmediatamente se dispusieron ayudarme, conduciéndome hasta el lugar indicado. En el momento que le entregué al oficial de inmigración que chequeó mis documentos. Observó el, que la competencia hacía adonde yo me dirigía había pasado; pero, de todo modo, yo tenía visa por seis meses, y me dijo.

—A ¿dónde tú vas?

—Hacia *Portland – Oregon,* a un evento competitivo de orientación, le respondí.

Luego el oficial consulto con otro de sus compañeros, la posición de mis documentos y al ver que todo estaba en orden se dispuso a poner el cuño oficial de entrada al país.

— Tiene un mes para salir del país, "Bienvenido".

Yo inmediatamente acepté con la cabeza dándole las gracias, pero realmente decía en mi pensamiento.

—Ni el sol te va a dar, yo no vuelvo para Cuba. Todavía el oficial me debe de estar esperando, pues no regresé; minutos después fui dirigido a la sala de espera donde me ayudaron a ponerme en contacto con mis familiares, hacía treinta años que no la veía, eran algunas primas y hermanas de mi mamá. Ellos por supuesto vinieron a buscarme e hicieron gestiones para enviarme hacia *New Jersey,* donde se encontraba mi primo. Durante la estancia en *Miami,* pude disfrutar de la calidad Ciudad, a veces pensaba, no es posible que yo estuviera en los Estados Unidos; también disfruté de la deliciosa comida cubana y diferentes productos que no podía obtener en Cuba. Siempre estaba rodeado de muchos cubanos los cuales me hacían muchos regalos, e invitaciones a lugares impresionantes, entre ellos las fiestas bailables.

Mi primo vivía en *Atlantic City,* desde allí me envió ayuda económica, e incluso el pago de mi pasaje hacia *New York,* donde me iba esperar. El traslado fue en *Bus;* realmente yo me sentía feliz por tantas atenciones y fuera de la presiones, me sentía en libertad. Aunque el viaje fue por carretera en *Bus,* tan largo y agotador, verdaderamente lo disfruté mucho, debido a que todo lo nuevo era para mí como extraño. El *Bus* era grandioso nunca visto en Cuba, totalmente diferente a los Ómnibus europeo y al algunos ensamblados en mi país, como el Ómnibus Girón, considerado como ortopédicos ya que cuando tú viajaba mucho tiempo en él, aparecen dolores en todo el cuerpo y los huesos. Así que este nuevo transporte para mí fue como estar en una nave espacial.

Recuerdo que durante el trayecto; me iba acompañando una hija de mi prima que tenía alrededor de dieciocho años de edad, la jovencita era lista, le gustaba durante las paradas de receso en las terminales de Ómnibus acercarse a la cafetería y coger café u otros productos sin pagar. Yo al ver lo que hacía, le dije:

— ¿Y esto no se paga? —Le pregunté a la joven—. No, no te preocupes, coge lo que tú quiera, es gratis, me dijo. Pero me parecía que las acciones de ella no eran correctas así que tuve temor y fui a preguntar cuánto era el costo de lo que habíamos cogidos, he hice el pago con algunos dólares que tenía.

Al llegar a *New York,* mi primo me estaba esperando con muchos regalos y una gran alegría por mi llegada a este país, fue un verdadero milagro de Dios, así lo expresó. De igual modo recibí muchas invitaciones, casi todas por amigos de Cuba y entre otras cosas hablábamos de la situación de nuestros familiares dejados en el país y que algunos de ellos mismo, llevaban más de veinte años sin ver ni escuchar nada del barrio y su familia. Entonces, le mostré fotos, periódicos y algunos recuerdos de Cuba.

Mi estancia en *New York,* fueron alrededor de cinco días, mi primo me trasladó hacia la ciudad de *Atlantic City;* para mí fue impresionante ver el recorrido hasta la ciudad de los casinos, ver sus gigantescos edificios, sus inmensos salones de juegos. Aunque no sabía cómo funcionaban yo me recreaba en cada detalle arquitectónico y artístico, fue un verdadero disfrute de esos momentos. Sin embargo, a pesar de mi desconocimiento de la estructura económica y cultural de la gran ciudad: Yo sabía que la vida en este país era bien dura para el inmigrante, había leído algunos libros sobre inmigración, así como algunos periódicos sobre la supervivencia del inmigrante en todo el mundo y la situación económica de los países subdesarrollados. Asimismo, nos instruimos en cuál era la verdadera situación que se vive en los Estados Unidos. En honor a la verdad todas las enseñanzas aprendida en Cuba sobre política social, de la explotación del hombre por el hombre en la sociedad capitalista, fue una verdadera falsedad, que me tuvo muchos años creyendo en esa mentira; los tiempos de esclavitud pasaron hace década, hoy en día el hombre es libre de actuar según su capacidad, según lo que cree, el derecho humano a la libertad de expresión forma parte inseparable del ser humano; por tanto, no creo que la sociedad capitalista es perfecta, como toda en este mundo de egoísmo y emancipación social apartada de Cristo nuestro Señor.

Es cierto que debe de trabajar duro para vivir como uno desea, para obtener la oportunidad de vivir a la manera que uno quiera. En este país usted es dueño de elegir lo que usted desea hacer; si desea ser vendedor de droga eso hará, pero la consecuencia tendrá, de manera que su vida será caótica, en constante peligro de perdición, instrumento de Satanás. Si desea ser borracho, bebedor de vino, entonces su mente está atrofiada, usted no podrá guiar a nadie sino será guiado por el enemigo hacia el vicio y la perdición. Si en su mente está, matar, robar, envidiar, totalmente apartado de los mandamientos de Dios; entonces su vida será corta y efímera, así como al que hierro mata a hierro muere. Debo decir aquí, sería bueno que antes de sacar tu espada, tengas en cuenta el pensamiento de Dios aun cuando sea para defenderlo, cuando dijo a Pedro: Mete tu espada en la vaina; la copa que el Padre me ha dado, ¿no la he deber? (Juan 18: 11). Dios nos ha dejado un legado: mostrar su amor a la humanidad, él nos ha dado por herencia esa copa, la luz de la esperanza para el mundo. Pedro trató defender a Jesús sacando su espada e hiriendo con ella, pero nuestro Señor respondió inmediatamente con un gesto de amor y le respondió a Pedro que no interviniera en el propósito de Dios. Hacer el bien para nosotros los cristianos, debe de ser en nuestra vida la manifestación del amor de Dios. ¿Puedes tú hacerlo igual joven? Quizás no eres cristiano; pero aun así Cristo te ama, por eso es muy importante que hagas el bien frente al mal; porque haciendo esto Dios reconocerá su amor en tu vida, glorificando el plan de salvación en la humanidad. Dios hace algo cuando tú muestra justicia, cuando habla la verdad, cuando manifiesta el amor por los demás, estas son tres cosas fundamentales para mover el corazón de Dios. Así que, si desea usted creer en un Dios todopoderoso y misericordioso, teniendo fe; de que él tiene el control de todo lo que se mueve en este mundo, o prefiere vivir del lado de las tinieblas, en la idolatría, el vicio, la corrupción; si estas últimas eligieras tú, entonces Dios no estaría a tu lado, porque él aborrece el pecado, aunque ama al pecador.

Cuando llegué a este país yo me puse a meditar en que iba a ser, decidí no tomar droga ni vincularme con gente adicta a las drogas, no ser borracho, no ser delincuente ni pandillero, reafirmé, voy a estudiar si tengo la oportunidad para lograr un buen trabajo, respetando las leyes y las autoridades de este país. Mis pensamientos fueron siempre trabajar para ayudar a mi familia, mi propósito era tener una vida ordenada de manera que pudiera superar todos obstáculos que se presentarán en la vida, todavía no conocía a Dios aunque él ya me había elegido, andaba conmigo.

Mi padre fue un hombre que nunca tuvo problemas, siempre estuvo apartado del mal, de la delincuencia, de la prostitución, de la injusticia, de manera que nunca tuvo problema con la justicia, algo heredamos los hijos de él. Yo mismo, estuve entre los malos, durante los juegos por el dinero, necesario para vivir, nunca me cogieron, ni estuve preso; es muy importante tener una conducta adecuada dentro de la sociedad, para que la sociedad pueda contribuir contigo.

A los quince días de estar en este país, pedí a inmigración una extensión de mi estancia en este país, alegando que hacía veinte años no veía a mis familiares, además quería participar en algunos eventos competitivos de Carrera de Orientación en este país. Después de dos meses de estancia en el país solicite asilo político, declarando mi inconformidad de volver a Cuba por desacuerdo con la política social del régimen imperante, intransigente. Así me concedieron la protección de vivir en este país lo cual me hizo sentirme feliz, para alcanzar la libertad que tanto deseaba.

Solo había un pensamiento en mi vida cuando llegué a Estados Unidos, yo quería ser rico. Pensaba muchas veces que si en Cuba ganaba mucho dinero como vendedor de Lotería y en muchas ocasiones aceptaba en los números ganadores. Pensé que podía ser un ganador de la lotería y ser muy rico, ser un millonario, vivir una vida grandiosa haciendo lo que me venga en gana, porque soy libre y nadie me controla; he llegado al lugar de la libertad.

Qué ingenuo yo era; escuchen cuáles eran mis pensamientos, no había nada de Dios en mí, solo ambicionaba el dinero, solamente había orgullo en mi corazón, con este pensamiento conseguiría ser orgulloso, prepotente, con un destino de muerte. Ah, pero yo me había olvidado de Dios, se me había olvidado que yo un día me había entregado a Cristo y lo había aceptado como mi Salvador y que él me había sellado como su hijo, no importando la condición en que yo había llegado; con el objetivo de salvarme, darme paz, libertad, darme amor y ser un hombre de extraordinario valor; lleno de amor que sobrepasa todo entendimiento.

("La libertad no está, en lo que la ley constitucional emana, para ordenar el pensamiento ideológico de la sociedad sino la libertad que confiere el Dios —"todopoderoso"—, por derecho propio, a la emancipación directa de su creatividad humana, al servicio de la existencia social. O sea su fuente caudal multiforme de sabiduría en el ser, para hacer; o existir para vivir y acontecer").

Tuve de acuerdo y dispuesto para trabajar en los primeros momentos de mi llegada, y así poder ganar algún dinero para sostenerme, estuve trabajando, lavando autos, haciendo trabajo de arreglo de tubería, limpiando alfombra. Luego obtuve un trabajo mejor en un bufé cerca del casino *Bally*, en este restaurante trabajé haciendo ensalada de todo tipos, mi salario era de siete dólares y veinticinco centavos la hora, así que aprovechamos que era un lugar bien lleno de clientes para trabajar algunas horas extras la cual nos la pagaban doble, de manera que pudiera ganar algo mejor. Hubo momentos en que trabajé hasta veinticuatro horas seguido en tiempo de verano, ganando un buen dinero para abrirme paso y ayudar a mi familia.

Un año después de mi llegada a Estados Unidos, apliqué por la residencia en este país, así que seis meses después de la aplicación, llegaba el permiso de trabajo, lo cual me permitió sacar el seguro social, teniendo un campo más amplio de trabajo, estudio y desarrollo social: como ya tenía papeles legales entonces busqué trabajo en la compañía constructora de *Yate "Vikin Yack"* en la nave de construcción número diecisiete de *Fiber Glass*. Aunque era un buen trabajo para un recién llegado a este país, solamente duré dos años y medios, ya que los líquidos que se usan para pegar dicho *Fiber Glass* (material para construir los *Yates*) me hacían daños, entonces no tuve otra alternativa que salir de ese trabajo. A pesar que los dirigentes de la compañía intentaron persuadirme aumentándome un dólar y cincuenta centavos más para que me quedara, yo no acerté por tratarse de mi salud.

Luego me fui a vivir por un tiempo con mi tía en *New York;* la que me había ayudado con el dinero cuando estaba en Cuba, fui con el objetivo de buscar empleo, también era difícil, no encontraba nada y comenzaba a preocuparme, yo deseaba pagar todo el préstamo que me habían dado. Un día después de haber vuelto a *New York*, buscaba donde trabajar, no quería ser un vago, algunos amigos trataban de ayudarme y casi siempre me llevaban a sus casas, luego tomábamos un paseo en lujosos autos, dándome algunos gustos, y que de esa manera pudiera subsistir. Mi tía trabajaba en *Atlantic City*, en el casino *Trump Plaza*, en el área de *housekeeping* (sirvienta de cuarto), ella se iba los domingos en la noche y regresaba los viernes por la tardes, no obstante, algunas veces se quedaba en *Atlantic City*. Tenía un apartamento rentado, así que le cuidábamos su apartamento en *New York*, mientras ella estaba en *Atlantic City*.

Cierto día una amiga de mi tía me invitó a una fiesta en la casa de unos amigos entre ellos cubanos, claro yo gustosamente acepté, pero para mi sorpresa iba acontecer algo que nunca había imaginado. Yo sabía que mi tía y sus amigos eran idolatra a la santería cubana, siendo devota de imágenes de Santa Bárbara, San Lázaro y los guerreros según le llaman en Cuba, además sabía que sus amigos también practicaban estas idolatrías, lo cual para mí era normal. Aunque yo no era santero ni tenía hecho santo; mejor dicho, pacto con Satanás. Tuve algunas efigies de la virgen y algunos resguardo como de protección según creía yo, por ignorancia ya que todavía no tenía una relación con Jesucristo. Ahora bien, cuando fui a la fiesta por los alrededores del bajo *Manhattan*, cerca del coliseo *Madison Square Garden;* nos trasladamos hasta allí a través del *Subway* (tren subterráneo), después caminamos alrededor de dos bloques entre los portentosos edificios de la gran ciudad, recuerdo que descendimos desde la altura de la calle por una escalera hacia el sótano de un edificio, y nos introducimos en un apartamento, al entrar se dejó ver el ambiente de fiesta, donde había sobre la mesa una gran cantidad de comida elaborada para consumir, también postre, ensalada y muchas bebidas, la cual nos podíamos servir. Se dejaba oír la música muy acogedora como la charanga habanera, la rumba cubana, el son y la salsa puertorriqueña, así esperamos algunos invitados más y el ambiente se fue poniendo bueno. Yo estaba sentado cerca de una mesa que servía como barra, y encima de ella habían suculentos camarones, quesos, guayaba, algunos panecillos y el jamón: De repente, observo que vienen pasando un plato; el cual contenía un polvo blanco y al detenerse frente a las manos del que consumía; observaba yo, que tomaba pequeña porción con la uña de su dedo meñique, acercándose a su nariz, he inhalando.

Luego esa misma persona me lo pasó a mí, pero como yo no sabía, ni conocía la droga, pregunté.

— ¿Qué cosa es todo esto?

Todos los allí presente me miraron asombrado, como diciendo:

— ¡Y este tonto de dónde salió!

Dándose cuenta que yo estaba en un lugar equivocado, lo cual podían pensar que yo era un investigador encubierto, de modo que si no practicaba de lo que ellos gustaban hacer.

• ¿Qué hacía yo allí entonces?

Inmediatamente la amiga de mi tía que me había invitado, dijo con voz alta:

— No, a él no le pueden dar, él no conoce eso, él es deportista y siempre ha sido estudiante, —respondió ella como salvándome de un gran problema.

Entonces los allí presente se relajaron, yo me di cuenta después que era droga, por lo alegre que estaban y por sus conversaciones; así pasaban y venían cada cierto tiempo el plato lleno de cocaína. Pero mi determinación de no probar y mantenerme alejado de dicha sustancia que distorsiona la mente, me hizo reconocer que esté no era mi ambiente, decidí irme de allí y no participar en ninguna fiesta de la farándula.

También con unos amigos que yo tenía me pasó algo similar, el cual le gustaban tomar bebidas alcohólicas, aunque eran moderados; pero tenían vicios. Estos tipos de personas, le gustan estar cerca de otros que participen con ellos, para sentirse bien acompañados y compartan sus gustos, e ideas. Eso querían mis amigos que hiciera yo, su acompañante y además para sentirse protegidos. Yo no sabía que a ellos les gustaba también el vicio de las drogas, hasta que, en una oportunidad fuimos a una fiesta, o reunión de amigos y entre el festejo de bebida y comida; volví a ver el dicho plato, pero esta vez yo me puse muy bravo con ellos por ocultarme sus deseos. Así que le pedí por favor que me sacaran de aquel lugar inmediatamente, al ponerse en desacuerdo conmigo empezamos a discutir hasta separarnos. Me dio mucho dolor separarme de mis amigos que realmente los quería mucho, pero no podía permitir que me escogieran el lugar el cual yo no me sentía a gusto. ¿Qué hubiera pasado si nos cogen allí la policía? ¿Qué le hubiera dicho yo? ¿Me creerían que yo solamente fui llevado para tomar algunas cervezas y bailar un poco? No, no vaya al lugar del mal, porque traerá malas consecuencias; respete las leyes y las autoridades y tendrá una vida sana, tanto paga el que disfruta del delito como el que lo acompaña, y yo no vine a Estados Unidos para eso, replicaba yo. Si hacemos el bien y nos apartamos del mal en cualquier parte que estemos; Dios en su inmensa misericordia te honrará. Él no permitirá la violencia en tu vida; pero el impío recibirá su merecido.

Ya Dios estaba trabajando en mi vida aunque yo seguía inocente de su presencia: Cierta vez trabajando en el *Casino Caesar*, me gustaba jugar a la lotería, para tratar de ser millonario; pues me dirigí por el prado de madera, que limita los casinos con la playa, hacia una tienda donde se vendía lotería; me disponía a ganar el sorteo de esa noche. Cuando salgo del casino, y camino por el prado en dirección al lugar, observo que una gran cantidad de palomas que estaban comiendo y revoloteando sobre el prado de madera. Al acercarme a ellas algunas salieron volando; pero para mi sorpresa una de ellas vino volando hacia mí, y se posó encima de mi hombro derecho. Al yo verla, me quedé sorprendido tratando de no espantarla para ver su reacción. Pues ella se mantuvo sobre mi hombro durante treinta metros aproximadamente de donde ella estaba, hasta estar dentro de la tienda, muy cerca de donde se sacaba el boleto de lotería. Al ver la despachadora y algunos clientes más que estaban impresionados por su acción, revoloteó unos segundos, y comenzó a volar sobre el mar.

Luego me hacía la pregunta: ¿Qué estaba sucediendo? ¿Qué señal era ésta? Por qué la paloma se posó justamente en mis hombros y no tuvo miedo de que yo la golpeara para matarla, de seguro que si hubiera sido en Cuba, no haría el cuento, más me la hubiera comido con tanta necesidad: Creo que fue una acción divina del Espíritu Santo tratando de revelarse a mi vida, más tardes ya estando en Cristo se me aconsejó que no jugara a la lotería debido a que no le gustaba a Dios.

También yo tuve algunas señales del llamado del Señor a través de algunos amigos cristianos, como mis amigos: Irma y su esposo Leonardo, cada vez que yo lo visitaba, me hablaban de Dios, del amor de Jesús y su misericordia, pero como yo me creía que yo era un hombre bueno que no hacía daño a nadie, no le hacía caso.

Con la ayuda de Dios a finales del año 2000 pude traer a mi madre a Estados Unidos, estaba tan orgulloso de ella que tenía una gran satisfacción de tenerla aquí en casa, a pesar de la condición de enfermedad, atacada por un cáncer que ya se había tratado en Cuba, con sus diferentes intervenciones quirúrgicas; pero no mejoraba. Unos de los propósitos de traerla a pesar de su condición física era honrarla, por tanta ayuda que nos dio, como hijos, sus esfuerzos en medio de la pobreza por sacar a sus cinco hijos adelante y mantener a una familia unida, compartir con todos los que tenía, especialmente los días de fiesta. Así que no podía dejar de darle la oportunidad de que viniera hacerse un tratamiento aquí y disfrutara de muchas cosas que no tenía allá en Cuba. Una madre es algo maravilloso, es algo especial en nuestra vida, es el mejor regalo de amor, que expresa el cuidado de sus seres queridos, después de Dios. Aunque todos mis ahorros se me fueron tratando que recuperara su salud, yo estaba contento de tenerla cerca. Para mí, su salud era más importante; pero el cáncer la vencía. Recuerdo que en su estado de enfermedad me dijo:

—Hay que sacar a Raudel de Cuba —dijo ella con autoridad.

• ¿Cómo mami? No tengo dinero; cómo voy a resolver la salida de mi hijo y sus familias.

La madre de mi hijo le había dicho a mi madre, antes de venir a los Estados Unidos, que necesitaba que yo le ayudara a salir de Cuba, ya que su esposo se había ganado la lotería de visa; o sea, el derecho de salir de Cuba legalmente.

Mi madre me insistió que debía sacar a su nieto del país como fuera; pero debía lograrlo. Entonces yo pensaba como y donde voy a obtener ese dinero, yo no tenía nada; todo se me había ido con la compra de medicina para ella, ya que no me la dejaban estar dentro del seguro médico que yo tenía por el *Casino Caesar*. Para mí, mi mamá era lo máximo, ella estaba alegre a pesar de su enfermedad, muchos momentos hermosos pasé con ella, su cariño, su compasión y de cómo me aconsejaba, su deseo de vivir. Por eso luchaba contra el cáncer que poco a poco destruía su ser; a pesar de esos momentos tan difíciles mi mamá no fue una molestia. Al contrario, una gran compasión embargó mi vida para que pudiera cumplir mi legado de hijo. De modo que, ponía más empeño de atención hacia ella, siendo muy cariñoso con ella. Los dos nos sentíamos felices cuando conversábamos sobre la situación en Cuba y de nuestros familiares y amigos, además hablábamos de cómo Dios me ayudó a salir de Cuba. También recuerdo que a pesar del dolor tan fuerte que tenía en el cuello, donde el cáncer ya había perforado y supuraba por ese lugar de la herida con humor, o sea desechos del cáncer. Por supuesto que yo la curaba haciendo una buena limpieza de su herida; a veces ella me cocinaba y se ponía contenta cuando hacía eso para mí, yo me comía todo lo que me hacía con gusto; no importando que si ella estaba enferma. Muchas veces le dije.

—Mamá no haga eso por mí, tú debe descansar.

—No, yo lo hago, quiero hacerlo para ti —decía ella.

Eso me llenaba de satisfacción ya que a pesar de su situación hasta el último momento mi mamá nos amó con todo su corazón, a todos sus hijos, nunca nos abandonó ni nos despreció, siempre tenía algo de comer a sus hijos o de vestir. Yo quise mucho a mi mamá, a tal punto que hoy en día la sigo recordando. Faustina Limónta se llamaba. Cuando yo vivía en Cuba siempre me dio una lección, y era que aun siendo pobres siempre estaba contenta con lo que tenía, en medio de la nada siempre compartía con cualquiera que llegara a la casa y todo el mundo estaba feliz, nunca menospreció a nadie, sino que en todo momento fue cariñosa con todo el mundo, esto lo heredamos nosotros sus hijos al brindar y compartir con todos hasta hoy en día, Dios me bendiga mi familia por ese bonito gesto de amor para con lo demás.

Pasó el tiempo de la estancia de mi mamá en Estados Unidos y el cáncer seguía implacable, nada le ayudaba de los medicamentos. Incluso, a pesar de la ayuda que le dieron del gobierno para su tratamiento en diferentes Hospitales. Como no mejoraba su salud ya que se deterioraba cada día más; entonces aprovechamos para sacarla y distraerse a diferentes lugares. Un día la llevamos al mercado, fue la primera vez que entro a un mercado aquí en Estados Unidos, yo andaba con ella, pero hubo un momento en que estábamos en diferentes lugares dentro del mercado, cuando de repente oigo gritos y gemidos de una persona llorando, cuando me doy la vuelta para cerciorarme que está pasando, era mi mamá que lloraba inconsolablemente. Qué habrá pasado por su mente en ese momento, no lo sé; pero le dije después que una persona al verla llorar la tranquilizaba.

- ¿Mami, por qué llora, te siente mal? —pregunté preocupado por ella.

—No, —me dijo, secándose los ojos.

Pocos segundos después, me confesó que nunca había visto tanta comida. Entonces yo también empecé a llorar, porque sabía todo lo que habíamos sufridos en Cuba por la escasez de alimentos, vivienda, de agua, de luz eléctrica, ropa, zapatos y otros. En ese momento pude comprender su dolor, y no tuve más remedio que abrazar a mi mamá y sacarla de aquel lugar, prometiéndole que yo los iba ayudar en todo lo que pudiera. Aunque en realidad yo quería ayudar a mi madre y familia, mi mejor ayuda hubieran sido las oraciones y plegaria al Dios omnipotente. Cuánto hubiera querido haber conocido a mi Señor Jesucristo, y a través de su autoridad, hubiera puesto mis manos, para reprender la enfermedad y hubiera sido sanada en el nombre de Jesús, y todo espíritu maligno que operaba en mi madre, hubiera sido cancelado. Pero yo estaba ciego e ignorante a la cosas de Dios, además los ciegos espirituales, lo que no creen, no pueden ver la maravilla de su Gloria y majestad. Por eso te digo a ti que lee este libro; corre en busca de Dios ya que no hay mejor lugar para alcanzar paz y seguridad, amor, fe y salvación. El único que nos puedes ayudar, él es fiel y verdadero, porque él vive y su misericordia es para siempre.

Mi mamá estuvo un año y medio aquí en los Estados Unidos, su última estancia la pasó en el *Hospital Jackson Memorial* de la ciudad de *Miami,* luego decidimos enviarla para Cuba, pues ese fue su deseo, en ese momento, ya estaba en silla de ruedas. En febrero del 2001 regresó a Cuba en un estado irreconocible, por el deterioro de su salud debido a la enfermedad, una de sus seis hermanas que vivía en *Miami:* Eloina López es su nombre, me ayudó para enviarla de regreso, ella misma hizo todos los trámites de viaje, la preparó bien, además le puso dinero entre sus ropas interior, lo suficiente para dos años de supervivencia, mientras que le volviéramos a enviar. A los tres meses de su llegada falleció mi madre, el mismo día de las madres en el 2001; para nosotros su hijos, fue una gran pérdida, como si nos arrancaran una parte del corazón; sabiendo que ella fue la lámpara que alumbraba nuestra familia de modo que todos salieran adelante a emprender nuevos caminos, y además fue mi confidente, mi ejemplo para luchar, me enseño amar y a contentarme con lo que tenía. Antes de partir hacia Cuba mi mamá le dio su corazón a Cristo: Amén.

Fue en el 2001 cuando estaba en la presidencia de los Estados Unidos, *George W Bush,* seguía viviendo en *Atlantic City,* y a pesar de tener una difícil situación económica y emocional no me di por vencido, comencé a buscar un préstamo para cumplir con lo que mi madre me había dicho de sacar del país de Cuba a mi hijo y su familia. Aunque llevaba tres años en Estados Unidos, no tenía crédito; pero fui a diferentes bancos donde aplicaba por un préstamo. Finalmente después de tres meses recibo un préstamo de seis mil dólares con el banco *(Fleet Bank).* Inmediatamente de conseguir ese dinero yo lo envié a la madre de mi hijo de modo que pudo pagar todos los gastos de trámites migratorios y la salida de seis personas incluyendo su esposo. El haber sacado a mi hijo de Cuba era un gran alivio para mí; cuando ellos llegaron de Cuba los mandaron hacia *Buffalo New York,* donde fui por lo menos tres veces a visitarlos, luego la madre de mi hijo me dio la custodia del niño, alegando que él estaría mejor conmigo; lo que fue una gran alegría para mí y una bendición. Así lo traje a vivir conmigo en un apartamento rentado, localizado en *Atlantic City, NJ.* Allí tuvimos diferentes dificultades como la calefacción y la condición del apartamento no eran las mejores, también tenía el problema de quien me cuidara el niño cuando yo iba para el trabajo. A la llegada de mi hijo yo me vi en la necesidad de obtener un carro para que fuera más fácil moverme y cumplir con las necesidades del niño.

En cierta ocasión que yo estaba de descanso; porque trabajaba en *Casino Caesar* de *Atlantic City* como *Cashier* (cajero). Se me aparecieron dos inspectoras de casos de niños y familias, presentándome un documento de queja, alegando que yo dejaba el niño solo, sin alguien cuidándolo cuando iba para el trabajo; de modo que me puse muy nervioso ya que yo sabía que me podían quitar la custodia del niño; gracias a Dios que en la entrevista con las inspectoras pude aclarar que luego de yo irme hacia el trabajo mi tía me lo cuidaba y además algunas veces mi novia se lo llevaba para su apartamento situado alrededor de cinco bloques de donde vivíamos nosotros.

Debo decir que no importando las circunstancias de escasez que yo presentaba de dinero, alimento, el atraso del pago del apartamento, la enfermedad de un ser querido; frente a cada situación yo con la ayuda de Dios enfrentaba el problema con responsabilidad de que debía actuar de alguna manera para cumplir con cada compromiso, tomaba una estrategia para lograrlo siempre que fuera haciendo el bien y no el mal, y también influía una actitud de fe para lograr el objetivo propuesto.

La responsabilidad es la obligación de cumplir con una meta adquirida, es además una obligación moral de cumplir con un asunto determinado. Si a esta responsabilidad las tomamos con el objetivo de hacer el bien y no el mal; entonces Dios en su infinita misericordia apoya tu decisión manifestando su favor, y gracia sobre ti para que puedas ser un vencedor. Es precioso ser responsable moralmente como lo es nuestro Señor Jesús; cuántos desearíamos que en nuestros gobiernos, e instituciones nacionales o internacionales allá gentes responsables y desinteresadas que glorifiquen a Dios y no a hombres ni sus propios deseos.

La responsabilidad moral expresa la fidelidad que es una sabiduría de Dios, como consecuencia de ella trae honor a su vida que no es más que un legado para la posteridad. Nunca tome algo sin ser responsable, mantenga una actitud de que puede, aunque le parezca imposible; pida a Dios que le ayude. Además disfrute mientras pasa el tiempo de lo que hace o ejecute con gozo, siempre contribuyendo en beneficio de los demás.

Cuando fui alertado de quitarme la custodia de mi hijo, si lo dejaba solo; entonces tomé la determinación de no dejarlo solo, sin que haya otra persona a su cuidado; aunque faltare al trabajo, no estaba dispuesto a sacrificarlo a él. Por lo tanto, tomé la decisión de ir a vivir con mi novia Sonia, ya que ella misma me lo había pedido. Así que acepté la oportunidad que me estaba dando la joven. Y también, porque ya ella lo había hecho anteriormente, salvándome de un desamparo, cuando el dueño del apartamento que yo estaba rentado años atrás, tuvimos un altercado, discutimos con relación a la renta del cuarto, la cual era muy excesiva, siendo un abuso considerado por mí, entonces me despidió de su casa. Cuando yo no sabía qué hacer se apareció esta joven y me llevó consigo para su apartamento, en ese momento ella apareció como un ángel de salvación, permitiendo la entrada a su apartamento. Así comenzó nuestra relación.

Al verme involucrado en esta relación y la responsabilidad de cuidar a mi hijo, aproveché esta segunda oportunidad de vivir con ella; pero esta vez consciente, que ella sería mi futura esposa la mujer de mi vida. Verdaderamente mi hijo estaba más seguro y yo podía trabajar con tranquilidad; fue la primera vez en este país que pensé seriamente casarme con esta joven, abrí mi corazón lleno de ternura para amar con fidelidad y hacer por sobre todas las cosas una mujer feliz.

Luego de haberme ido a vivir con Sonia. Al principio, nos fue muy maravilloso, mi hijo tenía la seguridad necesaria ya que ella y yo nos turnábamos para cuidarlo y a la vez poder trabajar tranquilamente. Pocos meses después el dueño de la casa comenzó a tener problema en su matrimonio; se estaban separando, el esposo quería vender la casa, de modo que quería la parte en dinero que le correspondía para vivir en otro lado. Pero su esposa quería quedarse con la casa; además ella no quería que nos fuéramos del apartamento, porque de alguna manera le ayudábamos a continuar pagando su casa; pero como su esposo estaba bien molesto con ella, nos dejó saber que desalojáramos el apartamento. Al ver que nosotros continuábamos allí después que él nos dijo; que necesitaba el apartamento, y ya había pasado tanto tiempo. Entonces buscó un santero para que hiciera un trabajo de brujería, de modo que nos pudiéramos ir o hacernos daños; ese trabajo no prosperó, debido a que Dios estaba con nosotros y nos cuidó. Allí estuvimos un poco más de tiempo, hasta que mi novia encontró otro lugar donde mudarnos, lo cual procedimos a dejar el apartamento y nos fuimos a vivir en un complejo de apartamento en la ciudad de *Pleasantville*. Era un lugar bien lujoso, lucía como un lugar de gente adinerada con mucha comodidades, cuando nos mudamos para este lugar, fue de mucha alegría para mí y estaba muy contento, ya que mi hijo tenía un mejor lugar para su crianza y desarrollo intelectual. Como yo vi que mi pareja quería mucho a mi hijo, y ella no podía tener hijos, además se comportaba como una verdadera mujer de su casa, pues yo empecé a planear un casamiento con ella, hasta llegué a creer que esta joven iba a ser la mujer de mi vida, aunque yo veía algunas cosas que no me gustaban, como: no saludaba amigablemente a los demás y era de carácter fuerte, no era cariñosa; pues yo dudaba de la relación de ella. Sin embargo, como ella fue la que me ayudó en los momentos más difíciles de mi vida en este país, pues yo tenía la esperanza que todas estas dificultades podían desaparecer con la ayuda de mi amor y comprensión; así que puse toda mi confianza para cuidarla y protegerla como mujer. Ambos trabajábamos en diferente lugar y ganábamos casi lo mismo.

Un camino a la bendición

Tiempo después estando yo en la cafetería del *Casino Caesar,* se me acercó una joven que no la conocía y me dijo:

— ¿Ere tú cubano?

—Sí, respondí afirmando con la cabeza.

—Pues ven que te quiero presentar una persona que es de Cuba.

Fui con ella al lugar donde se encontraba la hermana Carina Fernández; después de presentarnos, me pregunta:

— ¿Qué está leyendo?

—El libro Viviendo la Historia *(Living History)* por *Hillary Rodham Clinton* —le respondí.

—Y tu ¿qué está leyendo?

—Yo leo la Biblia, tú quieres leerla —me dijo.

—No, no tengo tiempo para eso; respondí con un gesto de menosprecio.

Acto seguido ella me dijo:

—Por qué no vas a mi casa para que conozca a mi esposo, te va encantar cuando lo conozcas; también podemos compartir un rato y hacemos una comida cubana, jugamos dominó y la pasamos bien en familia, mira éste es mi teléfono, puede llamar cuando tú quieras.

—Bueno, yo te llamo —le respondí—, y me fui para otro lado del comedor para finalizar mi almuerzo.

La verdad es que yo, no le presté mucha atención a lo que la señora Carina me había dicho, no estaba muy interesado en hacer amistad con ellos; pasaron algunos días y volví a encontrarla entre los pasillos del casino donde trabajábamos y me recordó diciéndome:

—Pasa por la casa, ya hablé con mi esposo.

—Está bien —respondí, siguiendo la marcha.

Pasaron algunos días y estando en mi apartamento que estaba localizado en la ciudad de *Pleasantville;* en uno de esos momentos que estaba limpiando el apartamento, me encuentro el papelito, donde Carina me había escrito el teléfono de su casa; medité un rato y entonces la llamé por teléfono. También recordé que en ese momento me encontraba solo, y pasando por una situación que me angustiaba, ya que mi novia se había ido del apartamento donde vivíamos. No obstante, decido llamar a Carina, luego de comunicarme con ella, me dijo:

—"Muchacho", porque no viene. Estamos aquí compartiendo con mi esposo y una hermana cubana, anímate; hacemos algo bueno para comer y jugamos un poco de dominó.

Pues no lo pensé dos veces y me dirigí hacia el lugar, al llegar allí me presentó a su esposo y a la famosa hermana en Cristo Jesús, "Adela". La verdad ellos se mostraron muy amistosos de modo que me hizo sentirme en confianza; fue un día maravilloso donde recordamos a nuestro país, los planes que teníamos para un futuro. Ellos como cristianos al fin y viendo que yo no tenía a Cristo como mi Señor y Salvador; me predicaron, pero realmente yo no estaba interesado ni me pasaba por la mente en convertirme en un cristiano. Tampoco me daba cuenta que la amiga Adela, ya me había puesto el ojo encima como decimos los cubanos, cuando una persona está interesado en la otra; aunque ella se lo tenía bien guardado, yo mismo no me di cuenta en verdad, con la situación que yo estaba pasando con mi novia y la separación; mi decisión fue no estar con nadie más de compromiso, y ser libre para hacer lo que me dé en gana. Recuerdo que disfruté mucho la estancia en casa de Carina como si estuviera en un lugar turístico, nos gozamos a tal punto en que decidí volver a ir. Antes de despedirme de ellos me hablaron del evangelio de Jesús, los beneficios de ser un verdadero hijo de Dios. Sin embargo, mi atención era nula, también me invitaron a la Iglesia; pero yo le respondí: un día de estos iré. En esos momentos yo no me daba cuenta que Dios me estaba llamando para una vida mejor, ya Él me estaba orientando el camino que yo debía seguir, pero yo no entendía nada de lo espiritual, y cómo iba a saber siendo un hombre carnal es decir no era espiritual ni lo entendía tampoco; mi pasión era los deleites de la vida mundana y su vanagloria, la cual conducen a la muerte.

Así que; después, de una semana ya estaba yendo con ellos a la Iglesia complaciendo su petición; recuerdo que la primera vez que entre al templo quedé impresionado, pues yo esperaba encontrar un lugar aburrido con formalidades y fue todo lo contrario, fue algo como si yo encajara en ese lugar, empecé a experimentar un gozo inefable mientras yo estaba allí. El Señor estaba reparando mi vida, era liberado de tanta angustia, desánimo, nostalgia y otras, fue tanta la emoción que yo levantaba mis manos y adoraba como si fuera uno de los jóvenes congregados en aquel lugar; me sentí también que decidí volver sin que nadie me lo tuviera que decir. La próxima semana ya estaba allí en primera fila, sediento de esa agua viva que es Cristo Jesús, no hay nada que se pueda comparar con el amor de Cristo, cuando más yo necesitaba de un refugio, el me lo dio. No solamente había planes de hacerme volver a su camino de salvación, sino que ya él tenía una esposa preparada para mí, pero eso sí que yo, no lo tenía en mis planes. Al entrar a la Iglesia bien elegante con la mirada buscando quién puede ser tu nueva compañera, quizás para un futuro, pero lo mío fue rápido; ya la que iba ser mi esposa estaba cerca de mí y yo no la veía, ni estaba interesado en ella; porque no quería casarme. Ella fue una mujer que estuvo doce años sin esposo; esperando por Dios. Además tenía dos hijos que ella criaba sola con tanto trabajo y esfuerzo; de ahí, Dios la sacó, para hacer de ella una mujer de excelencia, una heredera de su reino. ¡Cómo me iba yo dar cuenta que me iba a casar tan pronto, si acabo de llegar a la Iglesia! Sin embargo, cuando me casé, lo hice convencido que amaba a mi esposa con todo mi corazón y le iba ser fiel en toda mi vida, además sabiendo que Dios estaba con nosotros.

La verdad que cuando conocí a Adela por mediación de Carina, mi cariño hacia ella fue de amistad sin ningún interés en particular. Adela, siempre ha mostrado ser una mujer, independiente, trabajadora, una mujer con extraordinario conocimiento de la palabra de Dios, espiritualmente preparada.

Además, ella era dueña de una casa, o sea que cualquier hombre la podía escoger para ser su esposo. Pero tampoco ella como mujer de Dios se iba a ir con cualquiera; así que mi acercamiento hacia ella fue de amistad de cubano, de amigo. Entonces yo le servía para llevarla generalmente a la Iglesia o ir de compras al supermercado, porque yo tenía un carro y así sucedía casi siempre, pero mientras yo le servía, lejos de conocer lo que ella sentía por mí, ella seguía declarando que yo era el esposo que Dios le había prometido. Según su testimonio, un día de servicio en la Iglesia, había una fuerte presencia del Espíritu Santo durante la predicación, en la que Dios estaba usando a un profeta y en uno de esos momentos, el predicador se dirigió a ella diciéndole:

—"Adela; así dice el Señor, ya tu esposo viene en camino, cuando lo veas lo reconocerás, porque yo te lo confirmaré".

Adela, como mujer espiritual recibió aquella palabra profética creyendo, así que esperó por varios años, doce en total; hasta que me vio a mí por primera vez, en el *Casino Caesar* donde trabajábamos los dos, según me dijo su historia después de un año de habernos casado. Dice que cuando me conoció por primera vez ella recibió esa confirmación; pero, esperó a ver cuál era el desenlace, porque yo estaba verde, ni le prestaba atención, como que no estaba interesado; entonces tomó la opción de orar por mí y oraba en todas partes. Dice que en uno de esos servicios de llevarla en auto hacia diferentes lugares, como el supermercado, ella oraba: Señor este hombre es mío, tú me lo confirmaste. Señor este auto es mío, me apodero de él, porque éste es el hombre que tanto he esperado. Así que Adela estuvo declarando la palabra y se le cumplió. De modo que lo que Dios promete lo cumple ya que verdaderamente yo cuando vine a los pies de Cristo no tenía ningún interés en casarme. ¿Cómo sucedió entonces?

Era el mes de agosto del 2004 cuando vivía todavía en mi apartamento en la ciudad de *Pleasantville,* me encontraba totalmente desesperado, no sabía qué hacer, no había paz en mi corazón. Por tanto, decido votar todos los resguardos, amuletos imágenes de deidades, como: La Virgen que yo tenía como mi ángel protector, muñecas dedicadas a las deidades y otros; todo lo recogí decididamente lo eché en un saco y fui a tirarlo en el depósito de basura que estaba fuera de los apartamentos, entonces el diablo se incomodó conmigo, porque yo lo había despreciado. Esa misma noche mientras yo estaba durmiendo pude sentir la presencia maligna que me acechaba y un olor fuerte a basura inundaba todo el apartamento, pero yo no tuve miedo, no sabía orar ni pedirle al Señor, pero si expresé: ¡Dios mío ayúdame! Así estuve sentado en el medio de mi cama, pidiéndole al Señor que me ayudara hasta quedarme dormido. Al invocar al Dios del universo, el vino a protegerme sin yo tener conocimiento de lo grande y misericordioso que Es. Ese mismo día apareció en la mañana doblado como si lo hubieran machacado, un anillo de oro con piedra preciosa que yo tenía, y me pareció raro, porque yo recuerdo haberlo dejado encima de la cómoda en perfecto estado; no le puse mucha atención y me fui para el trabajo.

Luego en la tarde yo me fui a casa de los hermanos cubanos a contarle lo que me había pasado, ellos me dijeron que Dios estaba tratando conmigo y que Él me libró de la muerte, después ellos oraron por mí y así regresé a mi apartamento.

Tuve un sueño

Después de haber visitado Iglesia Nueva Jerusalén de *Atlantic City* y habiendo tenido la experiencia del gran amor de Dios en mí, donde yo experimentaba que mi alma estaba siendo llena de paz y gozo, determiné que estaba en el mejor lugar para entregar mi corazón; por lo tanto me propuse no dejar de ir, ni de adorar a Dios en la Iglesia. Yo estaba en el primer amor, rebosante, con un gozo inefable algo sensacional, que no podía explicar el gozo expresado hacia el Señor. Una noche que yo estaba durmiendo, de repente oigo una voz que me decía: "Han intentado quitarte el gozo, pero yo te inyecto más gozo" Inmediatamente sentí la inyección transmitida sobre mi muslo derecho de la pierna; esto fue algo real, no ficción, era una experiencia verdadera que yo estaba viviendo. De modo que mis experiencias con el Señor me hacían actuar como un cristiano de mucha madurez. Recuerdo que a la tercera semana de haberme entregado a Cristo, yo oí hablar del diezmo. Entonces pregunté a Carina, la esposa de Miguel.

— ¿Qué es el diezmo?

Entonces; Carina y Adela, que eran mujeres fieles a Dios me dijeron:

—El diezmo, es el diez por ciento de todo lo que tú logras obtener ya sea en tu trabajo o adquirido por alguien, gracias a la misericordia de Dios.

El diezmo es una promesa de bendición, no es una obligación sino una expresión de obediencia y amor de los hijos hacia Él; por lo que él representa para ti, si lo ama, cree en él como verdadero presidente y gobernador de tu vida, donde tú puedes depositar todas tus cargas confiando en que él las llevará por nosotros; de ese modo dejará plasmado su amor, paz y fe en ti para siempre, aunque tú veas que en tu alrededor haya una tormenta, él te ayudará a vencerla. Pues cuando ellos me dijeron lo que era el diezmo, entonces yo dije:

—Pues yo tengo que diezmar también —me expresé con agrado.

— ¿Y por qué ustedes no me dijeron eso antes?

Ellas con mirada de asombro se miraron entre sí diciéndome:

—Tú haces una semana que entregaste tu vida al Señor ¿Cómo quiere que te expliquemos?

Ellas tenían razón, debido a que no todos los que se entregan al Señor reaccionan de la misma manera. Después de esto a la semana ya estaba ofrendando a Dios.

Ahora bien, lo que verdaderamente me hizo entregarme a Jesucristo y experimentar ese gozo inefable y tomar la decisión de vivir por fe como un verdadero cristiano, fue el sueño que tuve después de haber visitado la Iglesia por dos ocasiones.

Un día yo había estado caminando y visitando con mis nuevos hermanos diferentes lugares para evangelizar; cuando yo regresé al apartamento donde vivía ya era bien tarde en la noche, como la 11: 30 p.m. yo realmente estaba cansado y decidí dormir; por la madrugada yo tuve un sueño que impactó mi vida.

Soñaba que iba para el trabajo en el *Casino Caesar en Atlantic City,* cuando ya estaba llegando al majestuoso edificio o construcción, tomo la calle que va directo a la entrada del mismo. Mientras yo iba entrando al gigantesco lugar yo miraba a su alrededor y veía el gran glamour, la vanagloria de este mundo; pero también veía que mientras más yo avanzaba, iba introduciéndome hacia las profundidades de la tierra, y observaba grandes secciones de disfrutes sociales o deseos carnales; luego llegué a una segunda sección y veía cómo las personas se corrompían más en el alcohol, el juego, las diversiones drogas, las transacciones ilícitas. Entonces continúe caminando y en eso momento se me acercó una persona poseída por el diablo; príncipe de este mundo que el Señor lo reprenda; cuando iba caminando junto a mí, me decía gritando.

—"Tu eres de los nuestros", "tú no puedes ir con él".

—No, "yo soy de Jesucristo", "yo quiero estar con él".

Le respondía con autoridad de modo que no se metiera conmigo.

Al seguir caminando me introducía más profundo en la tierra, y comencé a ver otra sección donde la corrupción del hombre mostraba su perdición, veía a las personas prostituyéndose haciendo el acto sexual frente de todos los presentes: hombres con hombres, mujeres con mujeres; entonces se oía la voz del diablo que me decía blasfemando y enfadado conmigo:

—"Tú tienes que estar con nosotros", "tú eres de los nuestros".

—"No, yo soy del Señor", "yo quiero estar con él".

Entonces el diablo se enojó conmigo grandemente dándome golpe y gritando:

—"No; tú eres de los nuestros y no te puedes ir".

Entonces yo comencé a forcejear con él y lo empujé fuertemente hacia una distancia bien lejos de mí, donde cayó atolondrado por los golpes que se dio, acto seguido se levantó señalándome con su brazo y gritaba:

—"Mira lo que hacen los cristianos".

Acto seguido agarró una cuchilla grande, y la lanzó hacia mi horizontalmente para matarme; pero al llegar la cuchilla aproximadamente tres metros de distancia de mí, milagrosamente fue desviada por el lado y encima de mi cabeza, mientras esto sucedía yo asombrado seguí con mi vista la dirección de la cuchilla y en ese momento oí una voz poderosa que decía: Salmo 27, Salmo 27, Salmo 27; tres veces lo repitió. Entonces yo desperté apurado y corrí hacia la sala de mi apartamento y como pude me arrodillé clamando en alta voz.

—"Oh Señor me has salvado, Oh Señor tú me amas", gracias, gracias, adorado Rey.

Así prometí servir al Señor toda mi vida.

Después de esto estuve como una hora meditando en lo sucedido, luego me acordé de Carina, Miguel y Adela. Entonces; rápidamente fui a contarle lo sucedido para que me ayudaran a comprender que significaban esas palabras, verdaderamente yo no sabía nada de la Biblia. Luego de decirme que el Señor estaba tratando con mi vida, Carina se dispuso a leerme el Salmo 27.

Jehová es mi luz y mi salvación

Jehová es mi luz y mi salvación; ¿de quién temeré? Jehová es la fortaleza de mi vida; ¿de quién he de atemorizarme?

2 Cuando se juntaron contra mí los malignos, mis angustiadores y mis enemigos, Para comer mis carnes, ellos tropezaron y cayeron.

3 Aunque un ejército acampe contra mí, No temerá mi corazón; Aunque contra mí se levante guerra, Yo estaré confiado.

4 Una cosa he demandado a Jehová, ésta buscaré; Que esté yo en la casa de Jehová todos los días de mi vida, Para contemplar la hermosura de Jehová, y para inquirir en su templo.

5 Porque él me esconderá en su tabernáculo en el día del mal; Me ocultará en lo reservado de su morada; Sobre una roca me pondrá en alto.

6 Luego levantará mi cabeza sobre mis enemigos que me rodean, Y yo sacrificaré en su tabernáculo sacrificios de júbilo; Cantaré y entonaré alabanzas a Jehová.

7 Oye, oh Jehová, mi voz con que a ti clamo; Ten misericordia de mí, y respóndeme.

8 Mi corazón ha dicho de ti: Buscad mi rostro. Tu rostro buscaré, oh Jehová;

9 No escondas tu rostro de mí. No apartes con ira a tu siervo; Mi ayuda has sido. No me dejes ni me desampares, Dios de mi salvación.

10 Aunque mi padre y madre me dejaran, Con todo, Jehová me recogerá.

11 Enséñame, oh Jehová, tu camino, Y guíame por senda de rectitud A causa de mis enemigos.

12 No me entregues a la voluntad de mis enemigos; Porque se han levantado contra mí testigos falsos, y los que respiran crueldad.

13 Hubiera yo desmayado, si no creyese que veré la bondad de Jehová En la tierra de los vivientes.

14 Aguarda a Jehová; Esfuérzate, y aliéntese tu corazón; Sí, espera a Jehová.

Usted y yo debemos siempre tener presente la misericordia hacia las otras personas, ya que en innumerables ocasiones las personas que nos rodean, son usadas por el mismo ejército de agentes satánicos que usan los cuerpos humanos para manifestar su naturaleza maligna de odio, ira, contienda, división, traición y muerte. El mejor antídoto contra toda manifestación demoníaca que se hacen presente en una persona es: "el amor" Muestre amor a las personas, no al demonio. Resista el ataque del demonio con amor hacia las personas y verá como el diablo tarde o temprano queda avergonzado de su derrota; no le muestre amor al diablo, resistid al diablo en el nombre de Jesús y huirá de ti.

Recuerde que la biblia dice: Porque no tenemos lucha contra sangre y carne, sino contra principados, contra potestades, contra los gobernadores de las tinieblas de este siglo, contra huestes espirituales de maldad en las regiones celestes (Ef. 6: 12). Es decir: no es contra las personas sino contra principados del reino de Satanás que opera en este mundo y muchas personas son ignorantes a estas cosas por desconocimiento; por eso debemos mostrar compasión por ellos, lo mismo que hizo Jesús por nosotros. Es difícil de comprender, pero es cierto. Ahora bien asegúrate siempre de hacer el bien y no el mal, aprende a discernir cuál es el bien y cuál es el mal; siempre escoge hacer el bien; porque el mal aunque se vaya vislumbrando a escondida es decir, de forma inadvertida, tarde o temprano será descubierto en el acto. Por ejemplo; el engaño, al final se descubrirá por su propia naturaleza de falta de la verdad en lo que dice, hace, cree, piensa o discurre; prorrumpe o sale con ímpetu hacia una violencia de la otra persona, provocando daños y perjuicio. Engaño: Según el Diccionario de la Real Academia Española es: 1. m, Acción y efecto de engañar. 2. m, Falta de verdad en lo que se dice, hace, cree, piensa o discurre.

Sin embargo, el hacer el bien siempre vas perfeccionando los establecidos para ganar una nueva imagen en beneficio de los que viven, además el hacer el bien deja abierto el camino a conquistar por voluntad de Dios, hacia el ser social o espiritual.

Aquí le presento una de las formas de cómo opera satanás para destruir las vidas de seres humanos y como hacen o se ponen de acuerdo para provocar su naturaleza maligna de violencia, mentira, prepotencia; pero Dios que es justo y todo lo ve, no dejará que se cumpla la injusticia maligna con aquel que cumple sus mandamientos; aunque por desconocimiento no sabe que él existe; ¿Sabe por qué? Porque él es amor, todo fue creado por Él y todo está sujeto a Él.

Mientras más me acercaba al Señor estaba pasando por una crisis, tenía un gran problema con la situación del apartamento en que vivía. Resulta que mi novia, la joven que vivía conmigo se fue del apartamento violando el contrato que habíamos firmado y sin decirme nada; decidió de manera oculta dejarme solo con mi hijo de nueve años. Le habían sugerido, de mudarse sola en otro apartamento dentro del mismo complejo donde vivíamos, su decisión fue debido, a que nuestra relación como pareja se deterioró, pues no congeniábamos. Antes de que sucediera todo esto yo tuve la corazonada de ir a la escuela primaria donde estudiaba mi hijo. En la oficina de la directora de la escuela, pedí una copia del acuerdo de la renta del apartamento el cual ellos me habían pedido como constancia de que mi hijo vivía en aquel lugar, de modo que se me concedió. Esta acción, donde estoy seguro que fue Dios, el que lo puso en mi corazón para hacer; porque me iba a librar de un gran problema y así fue. Ella y yo firmamos este contrato del apartamento por dos años, ella era la principal; porque tenía un mejor crédito que yo, según los papeles y yo era el segundo en la firma. El contrato decía que el principal no se puede ir hasta que no cumpla el tiempo acordado.

La directora del complejo de apartamento y la secretaria quisieron ayudar a la joven mujer, violando el decreto del contrato. Todo estuvo tranquilo hasta que yo viéndome solo no podía pagar la renta del apartamento que estaba ya por dos meses. Entonces, un día se me apareció la responsable del lugar con un documento que decía: que yo debía de abandonar el apartamento 377 en 72 horas, yo sabía que era una injusticia conmigo; pero yo no quería verme involucrado en problema con la policía. Busqué apresuradamente donde vivir con mi hijo pequeño; pedí ayuda a todas las personas que me conocían; pero nada, no encontraba renta que yo pudiera pagar, fue un momento bien difícil para mí; no tuve más remedio que esperar y después de una semana de haber recibido la información de desalojar el lugar, se me apareció la directora del complejo de apartamentos con dos carros de policía tocando mi puerta. Yo abrí y lo dejé entrar amablemente y aunque yo en esa época no hablaba nada de inglés, solo el que sabía usar en mi trabajo; pero ese día yo hablé el inglés con una fluidez perfecta, pensaba que debía haber sido por los nervios; pero hoy reconozco que fue la mano de Dios que actuó conmigo para que la injusticia no prevaleciera.

Le expliqué a ellos delante de la directora del lugar que mi contrato era por dos años y que yo solamente tenía seis meses viviendo en el lugar; además que yo no era el principal del contrato, pero era el confirmante y no podía abandonar el apartamento porque entre otra cosas yo tengo un niño de nueve años y no era fácil para mi encontrar otro apartamento. Entonces, el policía observó la copia del contrato que le mostré, he inmediatamente afirmaba con la cabeza que yo estaba en lo correcto; la mánager quiso quebrantar mis sólidos argumentos, acusándome de irresponsable que el documento que yo mostraba era falso que no tenía validez. Acto seguido uno de los policías viendo que la mánager no estaba en lo cierto, la cogió por el brazo y la sacó hacia afuera a convencerla de que estaba metida en un gran problema por haber hecho trampa y violar el reglamento; tanto ella como todos los involucrados en ayudar a mi ex novia. Luego pasados unos días todas estas personas fueron llevados a corte ya que no midieron las consecuencias de sus actos; también me citaron a corte en *Atlantic City* para declarar. Estando allí traté de conversar con Sonia, de modo que nos pusiéramos de acuerdo y hubiera una salida mejor a esta situación, así ella no fuera afectada en ser multada por una negligencia de su parte, pero ella no quiso hablar conmigo, luego de esperar como media hora el abogado que atendía el caso, representando a las involucradas en el problema; las llamó a una reunión, y le exigió una explicación convincente de todos los sucedidos. Yo que estaba fuera del salón podía oír como con autoridad las reprimías por su mala decisión, además no tenían nada de evidencia, que notificara que yo estaba ilegal en aquel lugar.

Luego de un rato, llamaron a todos los involucrados en el asunto; pero el abogado pidió al jurado suspender el caso para buscar otra solución ya que evidentemente no lo podía enfrentar, de modo que yo fui ileso de culpabilidad y ahora estaba viviendo sin pagar el apartamento por culpa de unos negligentes. Sin embargo, el hecho de pensar que le formularían cargo a mi novia por todo eso, no me dejaba tranquilo. Yo pienso que no es bueno aprovecharse de los errores de otros para beneficiarse; Dios dice: No seas vencido de lo malo, sino vence con el bien el mal (Ro 12: 21). Pues aunque yo no tenía un gran conocimiento de biblia, mi corazón me decía que no le hiciera daño a nadie; entonces decidí buscar donde vivir y apresuradamente le pregunté a todas mis amistades, compañeros de trabajo y otros ¿dónde alquilar un cuarto para mi hijo y yo? No encontraba, era bien difícil, no tenía crédito, ganaba muy poco según reflejaba mi cheque. Fue entonces que Adela viendo mi necesidad me dijo:

—Jorge, yo te puedo rentar un cuarto que yo tengo en la casa, aunque es pequeño yo creo que te va a servir, sólo que debe de buscar donde poner todos tus muebles y demás materiales.

—Está bien buscaré un lugar donde acomodar mis cosas.

Fui y rente un lugar de almacenamiento *(Store)*. Entonces me fui a vivir en el cuarto que me alquiló Adela. Hice mi mudanza y después de haber terminado fui a entregar la llave del apartamento en la oficina de la directora del complejo.

La primera vez que entre a casa de Adela, la casita se veía arreglada, ella hizo algunos arreglos a su casa para que yo pudiera mudarme, el cuarto era bien estrecho, casi no cabía nada, había descendido de un lugar lujoso y cómodo a uno pequeño e incómodo; pero no me quejé; debido a que ella me lo ofreció con amor y fue la única opción que tuve, así que fui a vivir allí con la fe de que me iba a ir bien y así fue. Una vez estando yo allí, podía percibir una bonita presencia de Dios, algo sobrenatural sucedía, me sentía diferente, era un lugar donde se buscaba la presencia del Señor, un lugar donde gobernaba el Espíritu Santo. Así comenzamos una nueva vida, siempre con el deseo de salir adelante y de conquistar el sueño americano, pero se me añadió a mi vida el vivir una vida espiritual intensa; que luego permitió que yo perdonara todo lo que me había hecho mi novia, incluso un día estando bien enferma en el hospital de *Atlantic City;* mi esposa Adela y yo, fuimos a verla y oramos por ella imponiendo las manos y ella fue sanada. Este hecho me dio una lección; que cuando Jesucristo entra a tu vida, el mismo puede usarte para restaurar lo que el diablo había destruido, Gloria al Señor: Amén.

La preparación para Bautismo en Espíritu Santo

El 1 agosto del 2004; yo continuaba trabajando en el casino como cajero, un trabajo bien fuerte que agotaba mucho por la constante presión de realizar transacciones altas de dinero y otros, además no podía cometer errores; porque inmediatamente eres investigado. Yo trabajaba de 3: 00 p. m. hasta la 11: 00 p. m. de modo que cuando salía de allí salía con tremendo cansancio y con la cabeza llena de los ruidos de las máquinas de juegos. Resulta que un día salgo para la casa donde vivía, y tomé el *Bus* que me llevaría a *Pleasantville*, mientras iba en autobús recordaba que el próximo miércoles, debía de participar en el bautismo en las aguas, organizado por el pastor donde me congregaba. Este acto es una ordenanza de Dios, la cual se debía cumplir (Jn 3).

Cuando llegó a casa de Adela, ella me estaba esperando, todavía no nos habíamos casado; pero ella se interesó en que yo entendiera quién era Jesús antes de yo ir al bautismo en agua. Entonces para que yo comprendiera, había preparado una lección del pasaje bíblico de:

Felipe y el etíope.

Un ángel del Señor habló a Felipe, diciendo: Levántate y ve hacia el sur, por el camino que desciende de Jerusalén a Gaza, el cual es desierto. 27Entonces él se levantó y fue. Y sucedió que un etíope, eunuco, funcionario de Candace reina de los etíopes, el cual estaba sobre todos sus tesoros, y había venido a Jerusalén para adorar, 28volvía sentado en su carro, y leyendo al profeta Isaías. 29Y el Espíritu dijo a Felipe: Acércate y júntate a ese carro. 30Acudiendo Felipe, le oyó que leía al profeta Isaías, y dijo: Pero ¿entiendes lo que lees?31Él dijo: ¿Y cómo podré, si alguno no me enseñare? Y rogó a Felipe que subiese y se sentara con él. 32El pasaje de la Escritura que leía era éste:

Como oveja a la muerte fue llevado;
Y como cordero mudo delante del que lo trasquila,
Así no abrió su boca.
33En su humillación no se le hizo justicia;
Mas su generación, ¿quién la contará?
Porque fue quitada de la tierra su vida.

34Respondiendo el eunuco, dijo a Felipe: Te ruego que me digas: ¿de quién dice el profeta esto; de sí mismo, o de algún otro? 35Entonces Felipe, abriendo su boca, y comenzando desde esta escritura, le anunció el evangelio de Jesús. 36Y yendo por el camino, llegaron a cierta agua, y dijo el eunuco: Aquí hay agua; ¿qué impide que yo sea bautizado? 37Felipe dijo: Si crees de todo corazón, bien puedes. Y respondiendo, dijo: Creo que Jesucristo es el Hijo de Dios. 38Y mandó parar el carro; y descendieron ambos al agua, Felipe y el eunuco, y le bautizó. 39Cuando subieron del agua, el Espíritu del Señor arrebató a Felipe; y el eunuco no le vio más, y siguió gozoso su camino. 40Pero Felipe se encontró en Azoto; y pasando, anunciaba el evangelio en todas las ciudades, hasta que llegó a Cesarea. (Hch 8: 26 – 40)

Según ella antes de yo ir a las aguas; pues dispuso en su corazón leerme este pasaje para que yo entendiera de la vida y obra de Jesús; como lo hizo el etíope.

Entonces me leyó el pasaje y al terminal me preguntó:

- ¿Entendiste?

—Sí, dije; pero era para salir de ella, porque la verdad yo estaba cansado, pero al mirarme dijo:

—No, tú no has entendido —voy a volver a leer—. Y comenzó a leerlo de nuevo.

Yo recuerdo este momento; porque por su persistencia, su dedicación me trajo a mí una bendición que nunca podré pagar aun si diera mi vida; fue que, al retirarme hacia el pequeño cuarto donde vivía, cinco minutos después, fui bautizado en el Espíritu Santo.

Al entrar a mi cuarto, yo fui directamente hacia la pequeña cama que tenía, acomodé todo mi cuerpo en posición de acostado boca arriba y despierto, cuando de repente vino un viento recio sobre mí que no me dejaba moverme. Mis brazos y mis manos estaban extendidos en forma de cruz, inmovilizado y aunque yo hacía el esfuerzo por levantarme no podía; también quería gritar, pero era en vano. Entonces podía sentir como el viento soplaba dando vuelta en mi alrededor como si fuera un tornado; era tan fuerte que yo no podía moverme, de igual modo comenzaba a registrarme desde los pies hasta la cabeza. Luego después vi mi rostro hablando en lengua desconocida, una señal del Bautismo en Espíritu Santo. Así estuve alrededor de dos a tres minutos; cuando terminó, yo quedé sobre la cama como si me hubiera electrizado y echando humo de un fuego inefable, además estaba sin fuerza y atolondrado por la experiencia sucedida. La camita donde yo estaba se rompió del estruendo, algunas cosas como mesa, sillas, cuadros de fotos, estaban regados por todo el lugar. Esta experiencia tan poderosa no podía entenderla ya que era un primerizo en las cosas del evangelio de Jesús; pero sí sabía que era algo sobrenatural, divino. Cuando fui al otro día donde estaban mis amigos, ellos comprendieron que yo había sido bautizado y se pusieron contentos dando gloria a Dios. Mientras me sucedía la experiencia yo no tuve ningún miedo. "Qué bendición". Ser bautizado en el Espíritu Santo, escogido para un propósito divino, de modo que cuando una persona tiene esa gran bendición ya no depende del mundo ni de sus propios esfuerzos, sino de Dios; cuánta alegría y gozo es saber que le servimos a un Dios Omnipresente para su gloria y su honra. Por eso dedico toda mi vida a Él; como mi único Rey y Señor, Amén.

Luego de haber recibido el Espíritu Santo como dije anteriormente; en nuestra congregación se estaba preparando para realizar el Bautismo en agua, el día 4 de agosto del 2004 en la región de *New Grena, Atlantic County* donde hay un lago precioso.

Fue un día miércoles cuando nos dirigieron hacia ese lugar y éramos alrededor de veinte personas las que nos íbamos a bautizar ya que previamente nos habían enseñado lo que representaba el bautismo y cómo sería nuestra nueva vida en Cristo Jesús. Así entre fiesta y algarabía uno a uno fuimos llamados por el pastor y otros ministros que se encontraban a una distancia entre veinte o treinta metros dentro del lago. Allí oraban por nosotros, luego de expresar que aceptaba ser bautizado, de amar a Jesús y aceptarlo como su Salvador; uno a uno éramos sumergidos dentro del agua para luego en fracciones de segundo ser levantado en una nueva vida gloriosa. Este acto que es uno de los mandamientos de la Iglesia, es simbólico, representando la muerte y resurrección de nuestro Señor Jesucristo para recibir gloria y honra. Hoy nosotros vivimos con Cristo, adoptados como hijos herederos del reino de Dios, un pueblo Santo y separado para su servicio en gloria y honra a Él.

Puedo decir que estas experiencias divinas cambiaron mi vida de actuar, desear y compartir con los demás. Como yo me sentía emocionado por ese hecho trascendental; pues decidí no ir a trabajar ese día haciendo honor a Dios por el bautismo y mi nueva vida en Cristo Jesús, al otro día cuando regresé al trabajo una persona me regaló mil doscientos dólares cuando estaba trabajando como cajero, la cual fue una tremenda bendición para mí.

Comencé a vivir una vida espiritual intensa, no faltaba a la iglesia, siempre estaba allí, comencé a orar todos los días, a cantar alabanzas y adorar a Dios, además, empecé a estudiar la biblia siempre. También participaba en las celebraciones de servicios en otras congregaciones, cultos en los hogares, donde hacíamos liberación y derribamos altares, todo esto con la ayuda de mis hermanos más experimentados ya que casi siempre andaba con ellos, de modo que esto me hacía crecer espiritualmente.

Pocos días después tuve una experiencia espiritual inolvidable en casa de Miguel, donde estábamos haciendo una vigilia, ya era tarde en la noche y todos estábamos orando, en mi caso yo estaba arrodillado en el piso con mis manos y mis brazos apoyados también. Además, tenía mi cabeza inclinada hacia abajo y apoyada en la parte de arriba de mis manos, cuando de repente y consciente, comienzo a percibir que mi cuerpo se deshacía como si fuera un aire que salía de una vasija, mi camisa y mi pantalón cayeron al piso como si lo dejaran caer al suelo y de momento me veo volando en una paloma blanca alrededor y dentro de la casa de Miguel y Carina. Volaba sobre un mar de aceite ungido, luego veía como la paloma junto conmigo descendía adonde estaban ellos y ungía desde la cabeza hasta lo pie a Miguel Ángel, lo hizo como tres veces. Luego de un rato yo volví a mi cuerpo, volviendo en sí y dándome cuenta que había caído en un éxtasis que significa: la suspensión del alma, estado en el cual es trasladado de lo físico a lo espiritual por el amor de Dios; con el objetivo de revelarte un acontecimiento importante que vas a suceder.

Tiempo después que se cumplió la revelación y me di cuenta que el Espíritu Santo había hecho eso; porque Miguel iba a ser llamado como pastor, un llamado divino de parte de Dios y ungido por el Dios del cielo para su gloria y honra. Pocos meses después ya Miguel estaba pastoreando en la ciudad de *Camden, New Jersey*, una ciudad riesgosa por su alto índice de delincuencia y asesinato, yo mismo pude ver acuchillar a un individuo mientras que nosotros estábamos adorando a Dios dentro de la Iglesia en *Camden*. Incluso observé, como muchas gentes se entregaban al Señor dejando el vicio de la mariguana, la cocaína el alcohol. Verdaderamente donde fue ubicado este pastor, era un lugar para valiente y personas comprometidas con Dios; sólo Dios podía sostener un pastor en aquel lugar.

Esto fue una gran bendición y una experiencia espiritual extraordinaria que nunca olvidaré y también me di cuenta que el Espíritu Santo es Dios; dotado de un gran poder eminente, que es omnisciente, omnipresente, que nos enseña toda verdad y que escudriña los corazones. El Espíritu Santo es el que nos guía y nos enseña que él es el vencedor de todas batallas, además es la máxima autoridad para hacer milagros y maravillas que glorifican a Dios, él es Dios mismo, también él es Jesús, que mora en los corazones para guiarnos a la salvación eterna; no hay fuerza en este mundo ni en el universo ni debajo de la tierra que pueda vencer al Espíritu Santo. Por eso es un honor pertenecer al reino de Dios como hijos, ser templo del Espíritu Santo; porque mora dentro de nosotros, convirtiéndonos en instrumentos del Dios eterno e invencible. Jesús dijo: De cierto, de cierto os digo: El que en mí cree, las obras que yo hago, él las hará también; y aun mayores hará, porque yo voy al Padre (Jn 14: 12). Jesús nos estaba prometiendo que haríamos mayores y grandes cosas que glorificaríamos a Dios; pero, sólo si creemos en El.

Entonces, por qué no gobernar en este mundo con justicia, equidad, amor; con el propósito de alcanzar la paz y el bienestar de la sociedad, mientras llega su venida para llevarnos con él a vivir eternamente. Los hombres de Dios estamos llamados a hacer el cambio con la ayuda del Espíritu Santo, a convertir los lugares de tinieblas en luz; esto nos es más que el ejemplo de convertir un lugar de corrupción, mentira, abuso de poder; en un lugar de bendición, honestidad, libertad, donde reine la verdad, allá justicia y donde impere el amor que sobrepasa todo entendimiento. Yo creo que se puede lograr, si deseamos colaborar, en construir una mejor sociedad por el bienestar de todos, y transformados en nuevo ser, acorde a los principios de Dios, y para alcanzar la vida eterna prometida por nuestro Rey Jesús; si creemos en él.

Como vivía en casa de Adela, siempre tenía de alguna u otra manera que entablar conversación con ella. En las cosas espirituales me agradaba lo que hacía por mediación del Espíritu Santo; quedaba apasionado cuando totalmente se entregaba al Señor. Aprendí muchas cosas de ella en lo espiritual, por lo tanto me gustaba ir con ella a diferentes lugares para ministrar. Un día Miguel y yo, estábamos preparándonos para ir al Instituto Bíblico que comenzaba a la siete y media de la noche en la Iglesia donde perseveramos «"La Nueva Jerusalén"», entonces Miguel me dice: Jorge antes de ir para el instituto bíblico vamos a comprar algunas cosas que me hacen faltas para la casa y luego pasamos por casa de mi hermana Santa, que hoy es su cumpleaños. Cuando llegamos a la casa de la hermana había una pequeña celebración, y allí se encontraban unos amigos de ellos que eran pastores de la ciudad de *Elizabeth,* al norte de *New Jersey.* Además estaban: Carina, Adela y toda la familia de Santa; pues, mientras ellos se reunían para conversar, yo me fui a sentar al lado del pastor sin conocerlo. Luego de un rato, comencé a hacer amistad con él, hasta que entramos en una conversación más profunda, ya que comencé hablar de mi manera de pensar en cuanto, como debía ser la mujer que deseaba tener un esposo. También le hablé de la condición de estar casado en los días que estábamos viviendo y porque ya la mayoría no creen en el matrimonio, además el estado de la economía hoy en día y de la responsabilidad que se adquiere, cuando uno se une en matrimonio, ante Dios y la sociedad. Pero en todo momento aquel experimentado hombre de Dios, mostraba una sabiduría maravillosa y respondía a mis preguntas con la palabra de Dios, lo cual dejaban atrás mis argumentos y dudas. Aunque yo alardeaba de conocer el mundo y tener sabiduría recibida durante el diario vivir de este mundo; siempre aquel hombre tenía una palabra de Dios en su boca para responder. Al final de la conversación me dijo:

—No te preocupes, porque el bien siempre vence el mal. En ese momento cogió mi mano derecha y apretándole, me dijo:

—Nada es imposible para Dios si puede creer en Él; ten cuidado de hacer el mal y haz el bien, el Dios de amor y de justicia hará resplandecer su luz sobre las tinieblas.

Estas palabras destronaron todas las dudas acumuladas en mi mente y el corazón sobre lo que yo pensaba con respecto a una relación de compromiso con Adela, de modo que fui libre; entonces fue cuando me levanté para alzar la voz gritando.

—"Negra, ahora sí puede decir que somos novios".

Rápidamente cuando todos escucharon eso, se formó una algarabía de victoria y alegría; Adela comenzó a saltar de gozo como si hubiese ganado una batalla, dándole abrazo a todos los que estaban allí y a llorar de alegría dándole gloria a Dios. Después de haber aceptado a Adela como mi novia, a los tres meses nos casamos, gracias a la misericordia de Dios que creó un matrimonio sólido y de convicciones profundas en cuanto a la lealtad de nuestra relación y el compromiso hecho delante de Dios; de vivir adorándolo a Él hasta que la muerte nos separe.

SOLO DIOS PUEDE
REVELAR EL FUTURO

Muchas personas cuando miramos la situación que nos rodea, preguntamos: ¿Cómo podemos salir de esta crisis que vivimos? ¡Me he quedado sin trabajo! ¿Cómo voy a mantener a mi familia? Yo también me hice estas preguntas, cuando vivía dentro de una revolución socialista en Cuba, la cual tiene tantos problemas que afectan nuestra vida. Mi respuesta a estas personas sería: corre a vivir con Cristo, como tu Salvador. Y experimenta una nueva vida espiritual apasionada con Él, descubriendo lo secreto del reino de Dios dispuesto para ti y tu familia.

Nuestra esperanza de una vida mejor no puede ponerse en ninguna teoría de supervivencia expuesta por algún hombre de este mundo; usted debe de respetar, incluso vivir cumpliéndola; pero inevitable son los tropiezos e inconformidad. La teoría idealista o filosófica son efímeras, idea del hombre que no determinan el futuro; la ideología socialista que se basa en desarrollo social para alcanzar la etapa superior comunista; fue fundada por *Karl Marx* (1818 – 1883), su objetivo era pretender imaginar que la conciencia del ser humano y su conocimiento se unieran para crear una sociedad superior como la del comunismo. La sociedad lucha días tras días por su supervivencia, debido a los constantes cambios sociales políticos, económicos, culturales y de la naturaleza, los cuales el hombre no puede controlar. Por tanto, debe de actuar según la vida se vaya presentando.

La ideología o filosofía del hombre no puede revelar el futuro; sólo Dios lo puede hacer, porque Él es Espíritu, Él es, Dios del universo que tiene sus atributos activos de Omnipotente, Omnipresente, Omnisciente, Sabiduría, Soberanía y otros. El hombre no tiene estos atributos por lo tanto no puede definir el camino mejor para la existencia de la humanidad. Al imponer su ideología, en su trayectoria lo que traería serias frustraciones e injusticia social, que afectarán al ser humano de alguna manera. ¿Cómo puede tener fe en una ideología que nunca ha visto su resultado final, llamase socialista o capitalista? ¿Por qué no poner tu confianza en Dios que es nuestro creador y aunque es un Espíritu, su manifestación de grandiosidad es visible cada día?

Un artículo publicado en sitio web *SlideShare,* del 7 junio 2011. Ideología del socialismo. Habla sobre el fundamento filosófico de *Karl Marx y Friedrich Engels* basado en la ideología socialista y de su etapa superior comunista; plantea entre otras cosas que: El socialismo tiene una postura más radical contra la cultura tradicional y la Iglesia. Dice que la fe es "el opio del pueblo" y que está, al servicio de las clases dominantes para someter al proletariado. El socialismo entiende que la sociedad como clases (ricos y pobres) y la moral del socialista se explica a partir del "éxito" que tenga la clase pobre contra la clase rica. Se llama "la moral de clase". La verdad se entiende sólo a partir de la clase dominada. Ésta es una evidencia indiscutible. Lucha de clase no se refiere a los derechos de los trabajadores sino al éxito de la dictadura del proletariado.

Karl Marx, Friedrich Engels, Vladimir llyich Lenin: fueron grandes pensadores filosóficos que trazaron una estrategia Ideológica para solucionar el futuro de la sociedad socialista y su etapa superior comunista, también fueron la base del movimiento revolucionario socialista cubano dirigido por Fidel

Castro. Ellos trataron de revelar el futuro, de proyectar la conciencia del hombre hacia la esperanza de un mundo mejor, resolver los problemas de la lucha de clase y la explotación del hombre por el hombre.

Es evidente que este pensador filosófico *Karl Marx;* no conoció a Dios sino se hubiera salvado. Dice además, el que tiene el poder para controlar y definir el camino de lo que se debe de hacer bajo el mando de la dictadura, mantendría el poder para siempre. El fundamento filosófico de la ideología socialista se basa en tener el poder para controlarlo todo, ya sea la rama de la política, económica, educacional, de producción y otras; así de este modo pueden resolver los conflictos de la sociedad ya que el partido se encargaría de los problemas de los pobres, haciendo cambios estructurales, de modo que la sociedad cambia y se adapta según los dictamen del régimen en cuestión. Como pueden observar no hay oportunidad a que exista libertad para el desarrollo científico individual ni colectivo, tiene que ser al servicio del régimen, tú me sirve para poder mantener mis ideales y los principios por los cuales mantengo el poder.

Así estos agrande hombres influyeron en la vida de líderes como Fidel Castro; que tomaron el camino de la posición único estado del poder gobernador para resolver los problemas de la sociedad cubana. En la época que yo vivía en Cuba era un gran admirador de la revolución y su líder Fidel, admiraba su elocuencia, su sabiduría, veía la diferencia que había entre él y los demás presidentes de otros países que nos visitaban, como él mostraba un mayor conocimiento político, ideológico y de los acontecimientos del mundo exterior y futuro de ellos. Debo reconocer que era un hombre estudioso; pero sus teorías eran sólo eso, teoría, pensamiento empírico basado en el conocimiento de él y de otros como él; sus ideas no funcionan ni funcionarán; por lo menos para lograr sus propósitos de subsistencia y mejor modelo para vivir en una sociedad. A través de sus pensamientos teóricos metieron en el abismo la mente de millones de hombres, haciéndolo preso de su conciencia, por eso es que no ha existido la libertad de los derechos humanos, libertad de conciencia, sus teorías han traído frustración, decepciones, tragedias, divisiones y problemas sociales; si no lo creen, observen y mediten en el desarrollo científico social, al desarrollo productivo agrícola. Como hay carencia de productos alimenticios, como no hay una esperanza de vivir mejor. Los impuestos a los pequeños comerciantes son elevadísimos, impuestos por cambio de moneda nacional y envió de dinero a Cuba son excesivos. Los trámites de viajes a Cuba son casi para gente rica y además la imposición de todo ciudadano cubano radicado en otros países que sólo pueden viajar con dos pasaportes; el de su país de residencia y el de Cuba; lo cual es un trámite abusivo e insoportable. La excusa de que hemos sido bloqueados como país socialista es una falsa que viene del reino de las tinieblas; la verdadera causa está, en mantener el ideal socialista y su poder absoluto.

Abandono el ideal socialista que tanto amé y toda fuente de sabiduría humana; porque no hay ningún premio ni recuerdo en el más allá de la existencia humana; que justifique, el haberlo vivido y haber contribuido en ella. Aunque hubiese ayudado a todos los pobres del mundo y sí hubiese dado todas mis riquezas, aunque hubiera dado mi vida, no valdría de nada sin haber creído en el Señor Jesucristo, como mi único salvador; no hay ninguna fuerza natural que te lleve a ganar el cielo eternamente, ni hay esperanza en lo que perece y creado por el hombre; el socialismo y toda fuente de ideología filosófica, ni idolatra, hechicero, mago, brujo espiritista; ni ninguna obra humana nos levantará de los muertos; <<"el único poder de resurrección está en Jesucristo">> Éste es un mejor pacto divino, creado por Dios.

En toda la historia de países, capitalista, socialista y otras formas de gobierno social, con su dictadura al frente, podemos ver cómo han matado la conciencia humana, millones de seres humanos han sido desplazados y exterminados. Como sus propias ideas han fracasados y se han tenidos que tomar medidas drásticas para continuar en el poder, una de ella es: dividir el país, dar paso a la inmigración masiva, cambiar principios y teorías, para poder vivir en medio de este mundo convulsionante. Esto me hace recordar, las veces que vi con mis propios ojos, cómo perseguían y encarcelaban a toda persona que tuviera cualquier cantidad de dólar en Cuba.

Se tomaban decisiones en Cuba, algo así como esta parábola: "El chivo contra el Norte"

El Norte, régimen direccional del país, totalitario, implacable, dictador y criminal donde la voz que impera sólo es la de él y nadie más; su prepotencia no lo deja ver, todo es malo para él.

Está al acecho como el lobo o el leopardo, cazando los animales indefensos; como el chivo que es descarriado y su andar es, en manada, como las ovejas que son indefensas y obediente aunque su captura sea para muerte no habla ni dice nada; dos características del pueblo necesitado y dirigido por un faraón. El pillo y luchador y el que no se busca problemas que aguanta, a pesar que la injusticia lo mate.

El chivo sabe que su carne es sabrosa y a todo el mundo le gusta, por tanto el chivo trata de abrirse paso. Además, inventará para conseguir nuevos pastos; cuando obtiene el sustento, o sea el dinero para conseguir el nuevo pasto, es perseguido, cuestionado. ¿De dónde lo sacaste? ¿Cómo lo obtuviste? ¿A dónde hay más? Dice el controlador. El chivo asustado, hasta el papel se lo come para no ser descubierto, cuando lo agarran seguro va a muerte por desobediente, aunque es muy deseado por los demás. El chivo gritaba ya que lo habían agarrado: vee, vee, gritaba y gritaba y no había nadie que lo entendiera, lo habían agarrado con algo inusual, algo prohibido e ilegal; el chivo intentaba decir donde lo agarró y para qué servía el sustento; mas no le dieron tiempo, golpes venían mientras el chivo gritaba vee, vee. Un día el chivo tuvo que irse de la zona huyendo debido a la persecución insoportable. Pasó el tiempo y el Norte necesitaba el sustento que tenía el chivo; porque su destrucción era inminente, se dio cuenta que el tiempo es implacable y que debía hacer cambios y aceptar lo que tanto aborrecía o perecerán sus ilusiones ideológicas. Al pasar los años el chivo volvió a la zona del Norte, se subió en una montaña y comenzó a gritar con el sustento en la mano:

—Vee, vee.

El Norte al verlo decía:

• ¿Por qué grita? ¿Qué dice? "Eres bienvenido".

—No, —dice el chivo y continuaba gritando: vee, vee.

El Norte respondía:

—No entiendo tu idioma.

El chivo volvió a gritar mostrando el sustento:

—"Ve que he bueno"

Así sucedía con la vida de un jinetero o un luchador que trataba de subsistir. El dólar era perseguido, si te agarraban traficando o haciendo cambios y compras con dólar, usted y todos los que estaban con usted, eran multados y encarcelados por lo menos cinco años: Vi muchas personas tragarse el dinero para que no se lo cogieran encima. Con el tiempo se dieron cuentas que eran un error haberlo bloqueado o perseguirlo; porque el dólar es un dinero con valor de carácter mundial, de no haberlo usados ni admitido su ideales ya hubieran perecidos. Hoy el dólar es la fuente de intercambio más importante en Cuba; hoy lo aprecian y tratan por todas las maneras de algún modo controlarlo como fuente de divisa para el país. Pero no se dieron cuenta por ellos mismo del valor ni la importancia del dólar para el comercio mundial sino que el pueblo, el necesitado, el pillo, el jinetero ya sabían que con el dólar se podía vivir mejor, sólo que era ilegal hacerlo. O sea que muchas veces el propio pueblo te da una idea o táctica para hacer cambios en beneficio de la sociedad y su bienestar; pero tú principios dictatoriales no te dejan ver la necesidad ni por el orgullo, la quiere ver. Así es para todo gobierno dictatorial, cree que sus ideas son únicas y las mejores, no deja que nadie, le dé una propuesta o su opinión; no dejan que fluya la libertad, cuando fracasa entonces se da cuenta que de poner en práctica lo que tanto persiguió era la solución del problema. Moraleja tú no sabes de dónde sopla el viento ni a dónde va, así tampoco puedes determinar el curso de un pueblo, porque sobre él habita el Poder de su creador. Tampoco puedes predecir el futuro del pueblo; lo mejor es fomentar la base solidad de convivencia social y en transcurso de la vida hacer cambios según el tiempo lo requiera y creer en Dios como el único que nos puede revelar lo que ha de acontecer en el futuro mientras tengamos vida.

Un pueblo estancado es como el agua en las paredes de una presa, es parecido a una bomba en posición de ataque, se prende la mecha hasta que llegue al detonante. ¿Quién apagará el fuego? Mejor es abrir la compuerta para que no se desborde el agua y corra río abajo; de modo que las aguas puedan saciar la sed de todo el que se encuentre en el camino. Ahora bien, al dar el paso a la libertad se debe de poner límite; como hizo Dios con las olas del mar, para no destruir la base de nuestra existencia; pero asegúrese que el límite sea puesto con justicia y equidad, entonces el río correrá con gozo durante su trayectoria, danzando y cantando de alegría; porque a ambos lados del surco, líneas paralelas lo ayuden a correr para inundar el corazón de los perdidos y necesitados.

Yo no le propongo que se tiren a las calles a protestar contra el gobierno, a exigir justicia, y derechos sociales ni que se levante un ejército contra el gobierno, y se instale un gobierno mejor al servicio de intereses capitalista ni socialista. Le propongo una nueva forma de gobierno donde la base de su sabiduría sea el temor a Dios, y dónde está Dios hay diversidad, libertad; porque él se deleita en la creatividad, no sólo Cuba sino todos los países de este mundo necesitan ser dirigidos por Dios. ¿Sabes por qué? Porque la ideología de este mundo pecaminoso y de maldad es de perdición y está profetizado que su camino es a la destrucción total. Los que creemos en Jesucristo como nuestro Señor, sabemos por mediación de la palabra de Dios; que le fue revelado al rey Nabucodonosor el primer gobernante de la primera civilización de este mundo, en la antigua babilonia (en el libro de Daniel, capítulos 2, 7), lo que iba acontecer para los tiempos del fin, la destrucción total de este mundo, no habrá una ideología, ni pensamiento filosófico, ni sociedad humana que salve al mundo en que vivimos. Usted pudiera decir: que me importa, yo quiero vivir toda mi vida haciendo y deshaciendo con tal de saciar los deseos de mi estancia en esta tierra, total cuando muera no me voy a llevar nada. La diferencia es que los que creemos en Dios y en su poder sobrenatural sabemos que después de muerto, tendremos vida eterna, en cambio el que no cree será condenado en el infierno y su alma no tendrá descanso, así que es un problema de decisión, tiene libre albedrío.

Éste es el camino que te ofrece el Señor Jesús que te arrepientas de tus malos caminos y lo acepté como tu único salvador para que seas salvo tú, y toda tu casa.

—Pues yo no puedo soportar esa vida de abstenerme, "yo tengo que gozar la vida" —dice él no creyente.

El Señor dice en su palabra: porque escrito está: Sed santos, porque yo soy santo (1 Pedro 1: 16).

Esto es una condición; pero él no te obliga. De alguna manera u otra los seres humanos todos sufrimos, sufrimos por nuestras creencias o por no lograr los objetivos que nos proponemos alcanzar en este mundo. De la misma manera todos nos gozamos de la vida; pero el gozo del mundo es pasajero y se esfuma como las olas del mar que culminan a la orilla de la tierra. En cambio el gozo de los cristianos es inefable no se puede comparar, el gozo del Señor es nuestra fortaleza, nos reaviva, nos da paz en medio de la situaciones, nos regocijamos en gozo, en saber que dentro de nosotros habita el Rey eterno, el que todo lo puede, el que sólo admite hacer justicia, equidad y misericordia expresado en el amor al prójimo.

El reino de Dios en los hijos es como un campo de flores, nacen, crecen y brotan sus esplendidas flores dejando ver el fruto de su belleza, liberando su fragante y grato olor. Es majestuoso verla todas en su esplendor, la cual alumbrada por el sol, con el tiempo desfallecen, se cansan, algunas mueren por el ataque de los insectos y devoradores. Sin embargo, confiada están, que después de un tiempo, el Dios creador, la vuelve a levantar para embellecer el entorno y servir de olor grato en su presencia. ¿Cómo puede ser esto posible que aun después de muerta pueden vivir? La razón de esto no es la calidad ni la clase de su semilla destinada al propósito de belleza ornamental sino que la base de su existencia está, en el poder de su creador. Las flores son los hijos de Dios, los que creen en Jesucristo como su salvador. Le dijo Jesús a Martha: Yo soy la resurrección y la vida; el que cree en mí, aunque esté muerto, vivirá. Y todo aquel que vive y cree en mí no morirá eternamente. ¿Crees esto? Le dijo: Sí, Señor; yo he creído que tú eres el Cristo, el hijo de Dios, que has venido al mundo (Jun 11: 25 – 27).

Así es la vida del cristiano, siervo fiel, luz en medio de las tinieblas sufre penalidades porque el mundo no conoce la inmensidad de gloria que vive en ti; pero confiado va cumpliendo con su deber, de llevar la paz y el amor a este mundo en camino de perdición.

Los idealistas del socialismo, el comunismo científico y toda fuente de idealismo filosófico han sido por ellos mismos víctimas del espíritu satánico y diabólico de la mentira, al engaño, la traición y abuso de poder; si a esto le llaman moral de los pobres para lograr el éxito social. Entonces su moral nunca progresará ni tendrá lugar en la historia, se esfumará su esperanza como el viento se lleva las hojas que no saben a dónde van y se recordarán como uno de los legados impuestos más despreciable por el ser humano. Su lucha por demostrar que su filosofía de convivencia humana es la mejor; ha quedado demostrado que es la peor, he insostenible, diabólica y fracasada como han sufrido muchos pueblos del mundo en especial el pueblo cubano que ha soportado un régimen por más de cincuenta y dos años, de injusticia, de sometimiento y presos por sus mismas convicciones.

La ideología capitalista del mismo modo que su sistema capitalista es un orden social y económico que depende del usufructo de la propiedad privada sobre el capital como herramienta de producción mayormente constituida por relaciones empresariales vinculadas a las actividades de inversión de beneficios así como de relaciones laborales tanto autónomas como asalariadas con fines mercantiles. (Tomado. De, Wikipedia – la enciclopedia libre: tema sobre el (Capitalismo)

El capitalismo con sus grandes cúmulos de riquezas y acaparamiento de los medios de producción tampoco ha podido contribuir al bienestar de la sociedad; porque no puede predecir lo que sucederá en el futuro.

No hay ninguna filosofía, que pueda trascender en la historia para determinar el futuro, el único que nos puede revelar el futuro histórico es el espíritu profético de Jesús (Ap. 19: 10). Si usted ha puesto su confianza en los hombres de este mundo y sus gobernantes; déjeme darle esta noticia, ninguno lo ayudará en su porvenir ni hay esperanza en ninguno de ellos, lo que hay en el mundo es una lucha de poder para subsistir y controlar. Incluso como dice la biblia; tratarán de unirse los gobernantes, entablar relaciones comerciales, políticas, económicas; pero no lo lograrán, se esfumarán como las olas del mar.

La palabra de Dios dice: Y en los días de estos reyes el Dios del cielo levantará un reino que no será jamás destruido, ni será el reino dejado a otro pueblo; desmenuzará y consumirá a todos estos reinos, pero él permanecerá para siempre, 45 de la manera que viste que del monte fue cortada una piedra, no con mano, la cual desmenuzó el hierro, el bronce, el barro, la plata y el oro. El gran Dios ha mostrado al rey lo que ha de acontecer en lo por venir; y el sueño es verdadero, y fiel su interpretación (Dn. 2: 44 – 45).

Así de esta manera Dios ha revelado no sólo al rey Nabucodonosor y al mundo que toda ideología y unidad de relaciones entre gobernantes como el nuevo orden mundial, perecerán con toda su filosofía y valores, porque ya el reino de Dios está aquí operando con Jesucristo a la cabeza y jamás será destruido. El reino de Jesús llenará toda la tierra y en el tiempo del fin, habrá un cielo nuevo y una tierra nueva, porque el primer cielo y la primera tierra pasaron, y el mar ya no existirá más (Ap. 21: 1). Así que si quieres vivir eternamente en ese nuevo cielo y tierra nueva, dependerá sólo de tu fe en Jesucristo; no hay otro que te pueda a hacer llegar, sólo a través de Jesús; tú decides.

Mientras transcurre el tiempo cada día, meses y años el mundo y su desarrollo económico mundial perece, va en decadencia; por lo cual el ser humano no puede poner su confianza en él. Los que somos hijos de Dios somos un pueblo santo apartado para Él; para su gloria y honra, nuestra vida tiene un propósito eterno y debemos depender de Él, como único sustentador. Dios puede darnos todo lo que necesitamos, además él conoce la necesidad de cada uno de nosotros, supliendo cada día. Una cosa que el capitalismo ni el socialismo y otra forma de ideología; no puede quitar, son los conflictos y lucha de clases por la supervivencia, trayendo consigo el sufrimiento que son cargas recibidas del mundo.

Dios nos quita las cargas que llevamos y nos da paz, gozo en una vida apasionada en él, presto a caminar confiadamente por la salvación de nuestras almas; por eso mi vida cambió ya que no había paz, no estaba seguro hacia dónde iba, no tenía sentido mi vida. Por lo tanto, decidí dejar atrás todo lo del mundo, el pecado y la vanagloria de este mundo, además respetando el derecho del individuo para que defina su existencia.

Cada uno de nosotros trazamos metas y proyectos individuales para obtener de algún modo ganancia y por ende tener una vida mejor; mostrando así la estrategia para lograr un objetivo. Si usa una estrategia para construir una casa puede que lo logre; pero ¿estará su alma en gozo después de haberla conseguido, o este logro te ambiciona a alcanzar algo más? ¿Hay paz en tu corazón? ¿Estás, conforme con lo que lograste? El haber conseguido una casa no quiere decir que tu futuro será clamoroso. Lo más importante es tener paz en nuestros corazones y vivir conforme con lo que tenemos, hay ricos que no pueden disfrutar sus riquezas y hay pobres que viven como ricos mas no son felices. Por lo tanto, te sugiero que para vivir en este mundo no hay mejor camino que el evangelio de Jesucristo.

Vivir apartado para Cristo es vivir en santidad alejado de todo pecado, sirviendo a Él; y siendo ejemplo, a los que están en el mundo ya que somos luz en medio de las tinieblas. El evangelio de Jesucristo no es tristeza ni idealismo automatizado, sino que es, libertad, paz, amor que sobrepasa todo entendimiento y un gozo indescriptible que el mundo no lo puede entender, porque no lo conoce; el vivir en Cristo no es una forma sino una relación con él. Nadie puede entender que tú eres una persona especial, única, dotada de dones y talentos maravillosos que necesitas demostrar; el hombre quiere gobernarte y que tú hagas lo que él dice para que logres un resultado, mientras que Cristo te dice confía en mí que yo te ayudo a que disfrute el resultado.

El que vive en santidad obedece los mandamientos de Dios; de no prostituirse, no idolatría, no robar, no buscar su propio bien sino el de los demás. Aunque somos hijos del

Señor Jesucristo, nos manda a respetar las autoridades que nos gobiernan aquí en la tierra, haciendo el bien y desechando el mal. Nosotros los hijos de Dios debemos vivir dependiendo de Él, como nuestro único sustentador o proveedor, eso no quiere decir que usted no se esfuerce por desarrollar sus talentos ni trabaje para que se gane el pan de cada día. Usted como profesional o intelectual y hombre edificado bajo los mandamientos de Jesús, debes procurar por todos los medios de que su trabajo o todo lo que hace sea para edificar, restaurar lo que se había deteriorado. Jesús es nuestro presidente, él es quien nos dirige en lo que tenemos que hacer a través de su palabra y vencer las dificultades; por obedecerlo a Él, no sólo hay salvación en nuestra vida sino también bendiciones en abundantes (vea Dt 28: 1 – 14).

Las acciones de carácter moral nuestra son la que verdaderamente deberían desarrollarse dentro de la sociedad en que vivimos, así de esta manera podría el mundo, poder entenderse con relación a su propia conciencia. La palabra de Dios nos manda a vivir en el Espíritu Santo; que no es más que desechar nuestra vieja manera de vivir. O sea, el viejo hombre; ejemplo: si yo era alcohólico ahora no lo soy; en mi vieja manera de vivir, decía malas palabras, obscenas, desafiante, vulgares; ahora digo palabras de edificación y restauración. Vivir en el espíritu es tener fe, tener compasión, ser misericordioso, estar lleno de amor. Antes yo no tenía nada de estas cosas, mi manera de vivir anteriormente, era para agradar a los seres queridos, amigos de este mundo, ahora honro a Dios con mi conducta y mi modo de vivir. Años atrás estaba afanado a la vida de *glamour* y vanagloria, tratando de vivir lo mejor que podía y mientras lo hacía más luchaba por conquistar mi afán, más me iba introduciendo en los delitos y pecados de corrupción y malversación de los cuales Dios me hizo libre. Hace mucho tiempo yo quería ser útil a la sociedad en que vivía, pero no pude ni siquiera cumplir con lo que había soñado; porque puse mi esperanza en lo que perece; ahora el vivir en Cristo me ha dado una esperanza de salvación y vida eterna. Ahora mi objetivo es permanecer en el reino de Cristo y alcanzar esa meta gloriosa donde seremos coronados por haber perseverado hasta el fin, siendo fieles en lo que creemos. Hablo de recibir un premio no como el que yo alcanzaba cuando llegaba a la meta de una de mis competencias, donde me premiaban con una medalla, copa y artículos materiales que quedan como recuerdo mientras viva. Yo te hablo de una corona incorruptible de santidad para vida eterna de parte del Señor por haberle creído y siendo una columna en el templo de Dios.

Mi filosofía cambió, porque sólo Dios conoce nuestro futuro y nos proyecta hacia él, de una forma extraordinaria, por ejemplo: la vida de José en el libro de Génesis, nos habla que José fue humillado, maltratado y vendido por sus propios hermanos; pero Dios le había dado un sueño, un destino que sería un gran hombre, respetado y honrando delante de los hombres. José fue hecho un gobernador del pueblo de Egipto, sólo el Faraón estaba por encima de él; todo gracias a que el Dios de sabiduría, usó a su hijo para revelar el sueño del Faraón. No le valió al Faraón buscar ni mandar a llamar a los magos, hechiceros y otros para que le revelaran el sueño. El Faraón era como decir el presidente del país; o sea que Dios usó a su hijo para salvar aquel país de la hambruna y situación tan difícil que vivía el pueblo de aquella nación, similar a lo que estamos viviendo alrededor de este mundo. Dios siempre tiene la solución de nuestros problemas, no solamente salvó a un país de la crisis, sino que permitió que otros países se salvarán también por mediación de la intervención de los hijos de Dios. Esto nos deja una gran lección: que con Dios se puede contar para solucionar cualquier problema ya sea a nivel nacional o internacional y que proceda por el bienestar de una sociedad; con Dios se puede gobernar bajo su dirección, bajo su revelación, porque él conoce el futuro.

Entonces es posible gobernar un país bajo la guía de Dios, su trono es un trono de justicia y amor, él usará a intercesores que le obedezcan y se humillen delante Él; ya que él quiere revelarse a nuestra vidas. Dios tienes grandes propósitos para usarnos y además nos enseñará cosas grandes y ocultas que no conocemos. Entonces, por qué no buscamos la oportunidad de acercarnos a Dios de todo corazón para ver la inmensidad de su gloria y que nos revele los acontecimientos que sucederán en el futuro, sabiendo que el futuro es historia para Dios. Todo gobernante debería considerar esta gran oportunidad de acercarnos al Señor; si verdaderamente el legado o la responsabilidad que el pueblo le ha conferido, lo desean cumplir a plena capacidad por el bienestar de todos.

Es, pues, la fe la certeza de lo que se espera, la convicción de lo que no se ve (Hebreo 11: 1); no es el opio del pueblo como dijo *Karl Marx*. La fe para los cristianos y todo aquel que cree vivir bajo la voluntad de Dios, sirviendo días tras días. La fe es el perfume de olor grato que llama la atención del Señor al observar la humanidad buscando justicia y entonces depositar su gloria.

El opio: significa según el Diccionario de la Real Academia Española: Es una sustancia estupefaciente, amarga y de olor fuerte... 2- m. *Arg. y Ur,* rollo (II persona o cosa que resulta aburrida).

No sé de qué otra manera este gran pensador filosófico pudo comparar la fe del ser humano. La Biblia dice: Es, pues, la fe la certeza de lo que se espera, la convicción de lo que no se ve. (Hebreos 11:1). Es evidente que este hombre no conoció a Dios, sino hubiera tenido una opinión diferente en el conocimiento de la verdad y el propósito de la fe del hombre en Dios.

Para gobernar se necesita la sabiduría de Dios

El principio de la sabiduría es el temor a Jehová. Todo hombre alineado al corazón de Dios no será defraudado sino que viene a ser un hombre de una sabiduría extraordinaria en el conocimiento de lo que debe de hacer, el bien y del mal; de modo que puede conducir o ejecutar determinado trabajo en beneficio de todos los seres humanos. No hay nada que supere la sabiduría de Dios, ella va más allá de la naturaleza humana y es grandiosa en aquellos que la encuentran y deciden pedírsela a Él. Si usted gobierna conforme a los principios establecidos por el reino de Dios, usted será un hombre prosperado, bendecido e iluminado por el espíritu de la profecía que es el testimonio de Jesús. En Jesús está la sabiduría y abundará para determinar la historia y el curso de la humanidad.

El rey Salomón cuando comenzó a reinar, lo primero que hizo fue pedirle sabiduría y un corazón entendido, no pidió otra cosa.

Salomón pide sabiduría

Mas Salomón amó a Jehová, andando en los estatutos de su padre David; solamente sacrificaba y quemaba incienso en los lugares altos. 4E iba el rey a Gabaón, porque aquél era el lugar alto principal, y sacrificaba allí; mil holocaustos sacrificaba Salomón sobre aquel altar. 5Y se le apareció Jehová a Salomón en Gabaón una noche en sueños, y le dijo Dios: Pide lo que quieras que yo te dé. 6Y Salomón dijo: Tú hiciste gran misericordia a tu siervo David mi padre, porque él anduvo delante de ti en verdad, en justicia, y con rectitud de corazón para contigo; y tú le has reservado esta tu gran misericordia, en que le diste hijo que se sentase en su trono, como sucede en este día. 7Ahora pues, Jehová Dios mío, tú me has puesto a mí tu siervo por rey en lugar de David mi padre; y yo soy joven, y no sé cómo entrar ni salir. 8Y tu siervo está en medio de tu pueblo al cual tú escogiste; un pueblo grande, que no se puede contar ni numerar por su multitud. 9Da, pues, a tu siervo corazón entendido para juzgar a tu pueblo, y para discernir entre lo bueno y lo malo; porque ¿quién podrá gobernar este tu pueblo tan grande?

10Y agradó delante del Señor que Salomón pidiese esto. 11Y le dijo Dios: Porque has demandado esto, y no pediste para ti muchos días, ni pediste para ti riquezas, ni pediste la vida de tus enemigos, sino que demandaste para ti inteligencia para oír juicio, 12he aquí lo he hecho conforme a tus palabras; he aquí que te he dado corazón sabio y entendido, tanto que no ha habido antes de ti otro como tú, ni después de ti se levantará otro como tú. 13Y aun también te he dado las cosas que no pediste, riquezas y gloria, de tal manera que entre los reyes ninguno haya como tú en todos tus días. 14Y si anduvieres en mis caminos, guardando mis estatutos y mis mandamientos, como anduvo David tu padre, yo alargaré tus días.

15Cuando Salomón despertó, vio que era sueño; y vino a Jerusalén, y se presentó delante del arca del pacto de Jehová, y sacrificó holocaustos y ofreció sacrificios de paz, e hizo también banquete a todos sus siervos (1 R 3: 3-15).

¿Por qué pidió el rey Salomón sabiduría a Jehová? Porque ningún hombre puede entender conocer o determinar el futuro del ser humano y el rey Salomón conocía eso; solo Dios lo puede hacer. Lo primero que tiene que hacer un gobernante o presidente de un país es amar a Dios con todo su corazón, tener la fe que él existe y gobierna sobre toda la tierra y el universo, sobre todo principados y potestades que existen en la regiones celestiales. Además debe de fomentar la base de su gobierno en la justicia.

Salomón pedía sabiduría a Dios para dirigir el pueblo; porque era un pueblo inmenso, se dio cuenta que el pueblo era diverso que habían diferentes formas de pensar, actuar y proceder; necesitaba la sabiduría de Dios para comprender a personas diferentes, a su vez tenía la responsabilidad de gobernar conforme al corazón de Dios; en el cual gobierna sobre toda cosa el amor. Amor es un don de Dios muy importante para amar a tu prójimo, a tu familia, tus hermanos, amigos, vecinos. Todo cuanto hagas o construyas si no tienes amor de nada sirve dice la biblia (1 Co 13), pero no hablo del amor sexual aunque es imposible amar a una mujer sin hacer el sexo; no hablo del amor al dinero que conduce a la avaricia el egoísmo y la corrupción; aunque es necesario para sostenernos. Hablo del amor de Dios que sobrepasa todo entendimiento, el amor que gobierna sin imposición, sin mal trato, el amor que gobierna con libertad, dejando fluir el derecho ajeno; el amor que aunque te ofendan, tú no gritas ni tomas represalia, no se irrita, no se apropia de lo que no es suyo ni busca sobrepasar al prójimo, sino que con justicia busca el bien de los demás; si usted no tiene ese don de Dios usted no puede gobernar.

La sabiduría del gobierno es como el padre de familia que expresa su amor a los demás y provee con el sudor de su frente que dirige su casa dando principios de armonía y convivencia, basado en amor a su familia y preparándolo, para que en el futuro puedan estar preparados para enfrentar la vida, además dejar un legado a próximas generaciones. Un buen padre aparta la represión, el hostigamiento; si usted corrige sin amor de nada sirve, si usted corrige sin entender el sentimiento de los demás, de nada valen los principios establecidos en su gobierno; aunque se han buenos. Si usted no escucha del consejo de los demás, en cuanto, de cómo guiar a un pueblo, le saldrán águilas en el criadero de las ovejas. ¿Por qué? Porque somos seres humanos diferentes, de constitución física diferentes, con dones y talentos de características diversas; el ser humano no es como las ovejas que se caracterizan por ser mansas, por lo general no gritan aunque la estén matando.

El valor de un consejo

Todos necesitamos el consejo para guiar por el buen camino a los demás, es importante escuchar las opiniones de los demás para hacer lo que es correcto y se solucionen los problemas. Rodease de personas sabias y borre de su vida el abuso de poder, eche mano a la humildad y descanse en paz, en la turbulencia de la escasez, abra paso a la multiplicidad de sabiduría e inteligencia y deje que gobierne el desarrollo polifacético de los talentos y dones que existen entre el pueblo y muestre la capacidad de gobernar poniendo límite, organización, seguridad; pero, priorizando la libertad del hombre. El consejo viene a nuestra vida para sanar, cambiar, corregir lo que estaba mal, por ejemplo; si ante robé, ahora no lo voy hacer más, ya que trae una consecuencia desastrosa a tu vida. Usted se imagina que un padre de familia, le robe el alimento o el dinero con el cual sostiene a su familia; para malversar en la bebida, el juego, la prostitución. Así es cuando quitamos la libertad de actuar o soñar al pueblo que gobernamos.

Como aguas profundas es el consejo en el corazón del hombre; Mas el hombre entendido lo alcanzará.6Muchos hombres proclaman cada uno su propia bondad, Pero hombre de verdad, ¿quién lo hallará?7Camina en su integridad el justo; Sus hijos son dichosos después de él.8El rey que se sienta en el trono de juicio, Con su mirar disipa todo mal. 9 ¿Quién podrá decir: Yo he limpiado mi corazón, Limpio estoy de mi pecado? (Pr 20: 5- 9).

Si usted se va a la orilla del mar y lanza la red con el propósito de coger algún pez, probablemente alcanzará a pescar pequeños peces y de una misma clase. Sin embargo, si usted boga mar adentro, hacia las profundidades del océano, estando allí vuelve a lanzar la red con el objetivo de pescar, ya sabe de antemano que usted está en el lugar donde habita la diversidad, de diferentes especies de peces, y todo ser viviente que habita en el agua del mar. Que no sólo alcanzará mayor cantidad y mejor calidad en tamaño y sabor, usted sabe que su opción del lugar le dará mayores posibilidades de obtener un buen resultado, esto es sabiduría. Así también se constituye el consejo en la multitud ya que en la multitud habita la sabiduría, no debemos despreciar el consejo de los demás que con amor quieren contribuir en beneficio de todos. Si gobierna tu casa y no sabe qué hacer en medio de un problema, es importante buscar ayuda, de paso a las diversas opiniones y encontrará la respuesta a sus problemas, o la sabiduría para hacer lo mejor, por amor a los demás que conviven con usted y lo que le rodean, también esto es sabiduría de Dios.

¿Quién como el sabio? ¿Y quién como el que sabe la declaración de las cosas? La sabiduría del hombre ilumina su rostro, y la tosquedad de su semblante se mudará.2Te aconsejo que guardes el mandamiento del rey y la palabra del juramento de Dios. 3No te apresures a irte de su presencia, ni en cosa mala persistas; porque él hará todo lo que quiere.4Pues la palabra del rey es con potestad, ¿y quién le dirá: ¿Qué haces? 5El que guarda el mandamiento no experimentará mal; y el corazón del sabio discierne el tiempo y el juicio.6Porque para todo lo que quisieres hay tiempo y juicio; porque el mal del hombre es grande sobre él; 7pues no sabe lo que ha de ser; y el cuándo haya de ser, ¿quién se lo enseñará? 8No hay hombre que tenga potestad sobre el espíritu para retener el espíritu, ni potestad sobre el día de la muerte; y no valen armas en tal guerra, ni la impiedad librará al que la posee. 9Todo esto he visto, y he puesto mi corazón en todo lo que debajo del sol se hace; hay tiempo en que el hombre se enseñorea del hombre para mal suyo.10Asimismo he visto a los inicuos sepultados con honra; mas los que frecuentaban el lugar santo fueron luego puestos en olvido en la ciudad donde habían actuado con rectitud. Esto también es vanidad. 11Por cuanto no se ejecuta luego sentencia sobre la mala obra, el corazón de los hijos de los hombres está en ellos dispuesto para hacer el mal. 12Aunque el pecador haga mal cien veces, y prolongue sus días, con todo yo también sé que les irá bien a los que a Dios temen, los que temen ante su presencia; 13y que no le irá bien al impío, ni le serán prolongados los días, que son como sombra; por cuanto no teme delante de la presencia de Dios. 14Hay vanidad que se hace sobre la tierra: que hay justos a quienes sucede como si hicieran obras de impíos, y hay impíos a quienes acontece como si hicieran obras de justos. Digo que esto también es vanidad. 15Por tanto, alabé yo la alegría; que no tiene el hombre bien debajo del sol, sino que coma y beba y se alegre; y que esto le quede de su trabajo los días de su vida que Dios le concede debajo del sol.16Yo, pues, dediqué mi corazón a conocer sabiduría, y a ver la faena que se hace sobre la tierra (porque hay quien ni de noche ni de día ve sueño en sus ojos); 17y he visto todas las obras de Dios, que el hombre no puede alcanzar la obra que debajo del sol se hace; por mucho que trabaje el hombre buscándola, no la hallará; aunque diga el sabio que la conoce, no por eso podrá alcanzarla.(Ec. 8: 1- 17).

Considero que esta porción bíblica dicha por el hombre más sabio que ha dado la tierra, está implícita la verdadera dignidad del hombre para con su pueblo, considerar que tenemos el mismo derecho de vivir libre, como criatura engendrada por Dios, hecho a su semejanza para expandirse sobre la tierra de este mundo, pueblos y naciones, con un propósito divino de parte de Dios de manera tal que glorifiquemos al Creador; porque toda sabiduría y todo don perfecto viene de Dios y nadie podrá añadir ni un codo de lo que está establecido por Él.

Por eso nosotros los habitantes de la tierra, Dios nos hizo libres a través de la sangre de Jesús en la cruz del calvario, con precio de Sangre inocente nos hizo libres de una vez y para siempre. Él nos hizo libres a todos, no a unos pocos sino a toda la humanidad, siendo criaturas que reflejen el carácter inigualable de su bondad y amor. Dios nos ha dejado el legado de su Palabra; muy importante para escuchar primeramente, vivirla y llevarla hacer en obediencia. El evangelio de Jesucristo Señor nuestro y su plan de salvación para vida eterna, ha determinado así el curso histórico de la humanidad para siempre, ya que no tendremos excusa cuando seamos presentados delante de Él, en el día del juicio para buenos y malos.

Dios quiere que obedezcamos las leyes de nuestros gobernantes; porque son puestas por Él, dice la biblia. Pero merecen respeto y obediencia aquellas leyes que son justas y encaminadas al beneficio de igualdad y derecho de ser libre y honestas para el desarrollo de la convivencia social.

Ningún gobernante ni ser de este mundo conoce el futuro, pero si da libertad que los hijos de su pueblos tengan la posibilidad de crear con sabiduría e inteligencia podrán sobrepasar las adversidades de la vida y un futuro próspero.

Antes yo era esclavo del pecado, de la tristeza, la amargura, mentira y el engaño. Ahora soy hijos de Dios y libre en el nombre de Jesús; hoy me extiendo en la vida, como en la altura hace el águila, que con el tiempo renueva su pico y las plumas, con el objetivo de estar preparada para enfrentar nuevos retos de supervivencia. Cristo me hizo libre para adorarlo a Él, no al hombre, ya no soy esclavo de una filosofía, ahora tengo un salvador elegante, fiel y honorable "Jesucristo nuestro Señor" a Él sea la Gloria, la honra y el Poder por siempre.

Reunión con el Comité Olímpico

Todavía no me explico cómo pude ir a la reunión tan importante del comité olímpico cubano, donde se iba a realizar su gestión de un nuevo presidente; únicamente Dios puso en el corazón del presidente de la federación Bernardo Bustamante, miembro del partido comunista de Cuba, que me invitara a dicho magno evento; de manera que como yo estaba tan enfrascado en los asuntos de la Orientación, pues el alto dirigente me dijo:

—Jorge; yo tengo que ir al oriente del país, a dar unos seminarios y realmente no voy a poder estar en la reunión, del Comité Olímpico, yo te voy a invitar pero: no puede hablar ni dar alguna opinión.

—Pero: ¿Cómo que yo no puedo hablar; de que se trata eso? —respondí.

—Sí; es una reunión para dirigentes; pero como tú siempre estás en los problemas del deporte de Carrera de Orientación y su Federación Cubana, además conoces todo con relación al desarrollo de sus eventos, te voy a invitar, pero no puedes hablar.

Haciendo una reflexión de lo que él me estaba diciendo, supongo que el dirigente sabía de antemano mis sentimientos y manera de pensar en cuanto los problemas que atravesamos y que teníamos razón en todas las cosas que refutábamos, por eso me estaba advirtiendo que no hablara, porque iba a descartar todas sus mentiras sobre el desarrollo deportivo nacional, además siempre nos mostrábamos firmes y valientes a la hora de plantear un problema concerniente al deporte de ser justo y sincero aunque no hubiera nada para sustentarnos.

Cuando llegó el día de la reunión yo estaba preparándome en mi casa, recuerdo la única ropa que tenía, no era muy nueva; pero era aceptable. Era la única ropa que usaba para ir a los lugares especiales como reuniones, fiestas, competencias; la cuidaba mucho, porque no tenía otra. En ese momento de preparación para participar en la reunión, pensaba en todo lo concerniente al Club de Orientación, además de los problemas de la federación, de manera que lo asociaba con lo que se iba hablar en la reunión. También analizaba la situación económica del país, que afectaba nuestro diario vivir: vivíamos tan estrecho, donde había un solo cuarto que compartíamos y disfrutábamos nueve personas; lugar muy pobre y sus alrededores también.

San Martín como se llama el barrio, tenía fama de gente luchadora, que sobreviven frente a la situación económica vendiendo lo que encontraban, para poder comer, además proliferaba el juego prohibido, problemas del trabajo, desempleo, hambre, miseria; todos estos problemas se relacionaban entre sí debido a la situación económica y política del país ya que el estado era el controlador de todo.

Con todo esto en mi mente decido ir a la reunión, era la primera vez que yo iba participar en una reunión importante del deporte cubano, donde los participantes casi todos eran militantes del Partido Comunista de Cuba, dirigentes nacionales y a su vez dirigentes de instituciones estatales, generales del ejército cubano como el presidente de la federación de tiro deportivo. Al llegar al lugar y ver tanta gente ilustre del gobierno cubano me puse un poco nervioso; porque en realidad este no era mi ambiente, además parecía yo un extraño delante de tanta gente capacitada del gobierno con poder. Yo no sabía que Dios permitió todo esto para que conociera en qué país estaba yo viviendo y cuán justos eran lo que llevarían al país a un progreso social. Al llegar al salón, me acerco a la recepcionista de información, tomo algunos detalles de la reunión y me identifico como invitado de la federación de Carrera de Orientación, pasando después a un pequeño salón donde se efectuaría la reunión. La reunión comenzó con un saludo de todos los participantes y un recordatorio del gran líder del Comité Olímpico Cubano: Manuel González Guerra, que había fallecido pocos meses atrás, el 18 de abril de 1997 en la Habana. Luego se hizo el nombramiento de todas las federaciones que conformaban el Comité Olímpico Cubano así como la pronunciación de cada presidente de la misma y sus miembros ejecutivos, después de informar los logros deportivos nacionales e internacionales y de cómo seguir esforzándonos para mantener en alto el deporte cubano y su desarrollo.

Como parte principal se pasó a realizar la elección del nuevo presidente; entre los candidatos se encontraban: José Ramón Fernández, excombatiente del ejército revolucionario cubano en Playa Girón, en ese momento ejercía como ministro de educación, también estaba electo Alberto Juantorena Campeón Olímpico de Montreal Canadá en 400 y 800 metros planos y el presidente del INDER en aquel entonces.

El ambiente de la reunión estuvo bien engalanada al estilo del poder político cubano, con lujoso recibimiento y entrega de estímulo, nombramientos, canciones de marcha e himnos deportivos, brindis y almuerzo impresionante del cual aproveché la ocasión, porque nunca lo había visto en mi vida, totalmente diferente a lo que es costumbre comer en nuestro país. Era una verdadera fiesta la actividad, también se habló del carácter interno del deporte cubano como imagen de ejemplo hacia al mundo exterior sin reconocer las dificultades y que hacer para solucionarla. No fue todo alegría para mí, tuve una gran decepción, mientras otros disfrutaban y aprovechaban la ocasión para saciar algunos deseos; pero, para mí fue bien amargo.

Ponga atención esto: "El recuerdo de una lucha se puede olvidar en un instante de facilidad material o deseo carnal, entonces el curso de sus objetivos desvanecerán para siempre. Pero, el amor por objetivos universales de humanidad no se dejará vender por el mayor tesoro del mundo, porque su esencia radica, en el bienestar de todos. El hombre que tiene principios éticos, de fidelidad por la justa obra que realiza, no cambia ni se deja envolver por intereses propios ni por unidad de un movimiento que no es justo con los demás".

A pesar del dulce momento, yo no cambié mis principios de fidelidad al deporte y de contribuir para el mejoramiento del mismo en justicia social, diciéndole no al acomodamiento, a la complicidad.

No fue especial aquel día para mí, porque cuando tú llevas el dolor de muchos hombres no es fácil olvidar los sufrimientos, calamidad, en el transcurso de nuestras vidas; cuando fui a la reunión tenía la esperanza, en el mejoramiento del deporte social cultural, no individual, en igualdad para todos; también buscar una salida para mejorar, un principio de leyes a favor de una cultura mejor; fui con el objetivo de encontrar de parte de los máximos dirigentes del país, una verdad negativa y la solución para destruirla, pensaba encontrar honestidad, fidelidad a los principios de integridad revolucionaria, pensaba ver una libertad para mejorar, apoyada por la máxima directiva, pero fue una gran decepción, encontré todo lo contrario, falsedad, mentira, abuso de poder, acomodamiento sobre la dificultad, sin esperanza para crecer.

Cuando comenzó la sección de nombramiento de la federaciones cubanas de deportes, fueron mencionadas una por una, por el presidente del INDER conductor de la reunión; se mencionaba también el presidente de cada federación, luego sus miembros ejecutivos, así sucesivamente hasta completar todas.

Cuando llegó el momento en que mencionaron la federación a la cual yo pertenecía me quedé en asombro; porque no podía creer lo que estaba oyendo: Ninguno de los miembros mencionados en el listado pertenecían a la federación de Carrera de Orientación, sino que habían puesto algunos dirigentes de otras organizaciones del mismo cuerpo directivo nacional y de provincia, como constancia de que la federación funcionaba, existía, estaba organizada legalmente, lo cual era una falsedad. La Federación Cubana de Carrera de Orientación, se había desintegrado desde 1990, dos años después de que un equipo de Carrera de Orientación de Cuba participara en un evento de Suecia en el cual, el que le escribe participó como atleta. El motivo de su desintegración, fue la imposibilidad de sustentar económicamente el desarrollo de los eventos competitivos, tanto nacional como internacionalmente; debido que el país entró en crisis económica, llamándolo periodo especial. Desde entonces hasta el año que yo me fui de Cuba en 1998, no se celebró una competencia nacional, mucho menos internacional apoyada por el organismo rector. Por lo tanto, al mencionar los supuestos miembros activos de la federación, yo me di cuenta que era una falsa y había un interés propio que se manejaban como estímulo a otros; de manera tal que los beneficios puesto por la federación internacional, como: participar en el Congreso de Orientación Mundial, Conferencia Internacionales o Competencia Mundial se tomaran para dar facilidades de estímulos a diferentes miembros del organismo, como viajes a eventos organizados por dicha federación; o sea que todo permanecía en un círculo de amigos de la misma dirección nacional y algunos miembros de las direcciones provinciales: nada que ver con una verdadera organización en función al servicio de un pueblo, por el desarrollo de la cultura física y deportiva. Yo tenía en mí poder, por escrito cada uno de los miembros seleccionados por votación que integraban la nueva federación cubana que estaban activos. Aunque a los efectos legales de organización jurídica no estaba inscripta; porque los organismos jurídicos del estado cubano, no estaban autorizados a cambiarlo si no venía de la dirección del Partido Comunista de Gobierno. Pero nosotros los que trabajábamos desinteresadamente por el desarrollo del deporte en nuestro país, no nos tenían en cuenta; como si no existiéramos, siendo una falta de respeto, una humillación al derecho humano.

Yo funcionaba como vicepresidente de la Federación de Carrera de Orientación y su organizador; en mí poder estaban todos los objetivos de la federación, planes, eventos deportivos, el futuro de lo que pensábamos hacer con la federación, los clubes, etc. Pero nada de lo que se mencionaba ahí se relacionaba con lo que yo tenía por escrito; entonces súbitamente me paré en medio de la reunión para rebatir, lo que acababa de oír, tomando mi autoridad de representante de todos los miembros que formaban parte de la federación, para decir la verdad que sólo nosotros poseíamos, ya que éramos los que trabajábamos por el desarrollo de ese deporte. De repente, me paré en medio de la reunión y alce mi voz llamándole la atención a la directora Nacional del departamento de recreación donde nuestra federación debía funcionar como otra cualquiera. Pero al percatarse ella de mi intención respondió diciéndome:

—"cállate"—respondió ella con alteración.

• ¡Pero, no te das cuenta lo que dice!

—"cállate" —volvió a repetir

Acto seguido todo mi cuerpo empezó a hervir por dentro, una angustia insoportable me embargó de la vergüenza, la mentira, falta de respeto, no solo a nosotros como miembros de la federación sino a la federación internacional donde se enviaban informaciones falsas, distorsionadas, por mantenerse en ella con fines lucrativos. Esto me causó mucho dolor, debido a que nunca iba imaginar que una institución del gobierno, fuera hacer semejante barbaridad, yo pensaba en todo esto mientras continuaba en la reunión, también comentaba dentro de mí

¿dónde estoy? ¿Dónde hay justicia, la honradez, la libertad? ¿Dónde está el respeto por un pueblo? También meditaba diciendo: cuánto nos hemos esforzados, cuanto se ha trabajado para nada, no hay futuro promisorio para esta nación, y mucho menos por el desarrollo de este deporte en mi país. ¿Qué está pasando? Si esto es así aquí, qué puedo esperar de las otras organizaciones estatales.

A pesar de continuar en la reunión, yo no prestaba la atención con la seriedad que debía tener, viendo así las falsas mentiras de los dirigentes allí involucrados; Luego en el momento de la elección se formó una gran discusión entre los candidatos del Comité Olímpico José Ramón Fernández y Alberto Juantorena, Campeón Olímpico.

Algunos miembros del Partido Comunista amigos de José Ramón Fernández querían que él saliera como presidente, porque era miembro del Comité Central del Partido, combatiente en la lucha de Playa Girón. Lo mismo sucedió con Alberto Juantorena, lo que lo conocíamos queríamos en realidad que él saliera como presidente del Comité Olímpico, ya que era una persona que conocía el desarrollo y manejo de los asuntos deportivos del país, y fuera del mismo, además contaba con una vasta experiencia deportiva a nivel mundial. Sin embargo, los altos dirigentes de la dirección de deporte deseaban al miembro del Comité Central del Partido Comunista. Cuando se hizo la votación ellos dos quedaron empatados, entonces el presidente de la organización deportiva de Cuba, dijo: hay que hacer una segunda votación, pero antes debían hablar de su auto autobiografía; para que los que estábamos allí pudiéramos entender, cuán importante era escoger al miembro del Comité Central; a mi modo de ver las cosas el presidente de la dirección nacional estaba a favor de José Ramón Fernández, el mismo tomó la palabra diciendo: que él fue miembro del Comité Central del Partido, combatiente en Playa Girón, dando a entender que tenía más méritos que su adversario, el joven atleta.

Entonces, Alberto respondió con voz valiente y honesta: Señor reconocemos los cubanos sus méritos, sus esfuerzos por nuestra patria, pero eso nada tiene que ver con los problemas que hoy presenta el deporte cubano; nosotros necesitamos gentes capacitadas para actuar conforme al desarrollo del deporte mundial, no es un problema de méritos revolucionarios, sino de lograr la eficiencia en nuestra organización deportiva. Aquellas palabras eran duras, pero el espigado joven atleta estaba diciendo la verdad y fue valiente al decir todo eso delante de todos los funcionarios del partido allí presente, esto le podría traer serios problemas. De la misma manera pasaba en la organización nuestra; el cargo de presidente de la Federación Cubana de Orientación, lo tenía un miembro del Partido Comunista, sus objetivos eran velar, supervisar lo concerniente a los intereses del partido, no importa si supiera o no de lo relacionado con el deporte el cual dirigía; de manera que se convertía en un dictador, controlador e imprescindible para resolver cualquier asunto. En algunos casos, los militantes del Partido; son puestos a tomar cargos, que no conocen ni nunca han ejercido. Nosotros los profesores, atletas o instructores no tenemos ese derecho de dirigir una organización, aunque fuera un especialista de nivel mundial en la materia ni tuvieran un gran nivel administrativo, de distribución y organización de lo que sabe, porque lo vive, lo ama y gustaría desarrollarlo. Únicamente si es miembro del partido; porque es más confiable para responder a los intereses de la sociedad socialista, como si nosotros los no militantes fuéramos de otras especies no agradable he inservibles. Así el estado va controlando toda la actividad social del país logrando sus objetivos.

Ahora, usted se preguntará ¿qué diferencia hay entre ser presidente de una Federación, y un servidor de esa organización?

¿Por qué no dejar que el militante sea el presidente, no será una posición egoísta de tu parte?

Reconocemos en Cuba que un dirigente del Partido Comunista, tiene la máxima autoridad y poder para dirigir una organización a nivel nacional, e internacional en el país, según las características del sistema social que vivimos los cubanos, además por sus méritos revolucionarios, leales a la patria. Pero, por ejemplo: muchas veces no han desarrollado ni practicado un deporte en su vida. Un militante o dirigente del Partido en Cuba, su enfoque es salvaguardar los intereses del gobierno revolucionario, esto es bueno para el gobierno; pero no para el desarrollo de una institución deportiva, de ahí es donde viene uno de los fracasos actuales del deporte cubano a nivel mundial. Sin embargo, un líder capacitado en la materia conoce de antemano la actividad que dirige, además tiene el conocimiento, la pasión, el amor de lo que realiza. Entonces el propósito de lo que emprendería se lograría con mayor eficiencia; quién mejor que un líder que conoce lo que ha vivido y vive lo que predica, su característica es valiente, audaz, preocupado por lograr lo mejor, en beneficio de lo demás y también más allá; es capaz de dar la vida por lo que cree que es justo y siempre dice la verdad, buscando la solución. Ese gran líder que ha pasado por la experiencia valiosa en su organización, también en su vida social, política, religiosa, deportiva y cultural.

Tomar un hombre que tenga experiencia de algo para servir es ventajoso, debido a que vas a solucionar el problema con mayor exactitud y especificidad, precisión y habilidad técnica adecuada. Es por eso que un presidente debe de saber lo que hace y dirige, e incluso ser el ejemplo; así que la mayor probabilidad para dirigirnos la tenía, el campeón olímpico y contaba con nuestro apoyo. Solo por amor a los demás se puede realizar sin importar intereses particulares, este pensar proviene de Dios que es la esencia del amor. Lo contrario proviene del adversario el diablo; el egoísmo, el uso de poder, la mentira, la traición, todo el que practica esta cosas lo conduce el enemigo para perdición, y destrucción. ¿Está siendo usted usado por Satanás para socavar las buenas formas y costumbres que provienen de Dios? En esta reunión estuvo bien presente la actuación del enemigo; usando los cuerpos de los allí presentes para predominar lo que él sabe hacer en la vida de los seres humanos; como división, egoísmo, traición, falsedad, engaño, supremacía de poder y al final una gran discusión; no hubo muerte por la misericordia de Dios. El reino de Satanás no está dividido; usted tiene que creer que en el reino de Satanás existen los principados, potestades, gobernadores de las tinieblas, huestes espirituales de maldad en las regiones celestes. Su función es influir en muchos de los casos sobre el pensamiento del ser humano para llevar a cabo sus fechorías. De manera que, ahora que conozco esto, gracias a la misericordia de Dios, puedo decir que ninguno de los allí presente en la reunión, son culpables de tan mal funcionamiento y la miseria del organismo rector, o del país; sino que es el mismo reino de Satanás el cual ha influido desde sus raíces en la sociedad cubana y otras sociedades mundiales como Brasil. Muchos no creen, como yo no creía hasta que vino Cristo a mi vida para salvarme y enseñarme.

Al finalizar la reunión salí bien preocupado del lugar y me dispuse a irme para mi casa, recuerdo que en todo el trayecto, yo iba llorando y tenía una gran tristeza, pensaba que todo se me había desmoronado que no había ninguna solución a la situación que nos encontrábamos; largamente estuve pensando qué sería de todos nosotros, los sueños que dispusimos para alcanzar un nivel mundial en el deporte de orientación del terreno; también pensaba en todos los miembros activos, los cuales pusieron corazón y amor para mantener en vivo la federación, incluso sin poder, el deporte en sí, los desamparados y enamorados atletas, activistas y otros. ¿Cuál sería el destino a seguir?

También pensaba: si los que dirigen en organizaciones e instituciones nacionales del país no se ponían de acuerdo, entonces qué sería de nosotros los que estábamos en la base. Con esta preocupaciones llegué a mi pequeña casita, cansado me acosté en una pequeña cama que había en ese lugar, mientras estaba allí, lágrimas bajaban por mis mejillas, me encontraba totalmente desilusionado, pensaba que todo se me venía abajo: una de las cosas que más me dolía era que no había un medio para lograr la justicia, donde tú puedas reclamar tus derechos por algo justo; parecía que todos los problemas seguían a un sólo embudo y de ahí a la vasija del olvido; claro, porque si reclamabas antes las autoridades, no podrás obtener tus derechos ya que esta no puede castigarse a sí misma.

La responsabilidad social.

En mi país había un anuncio que decía: "Seguiremos luchando por la paz y la independencia de Cuba, con el machete en la mano". Meditaba yo: cree realmente que podemos tener paz en nuestra patria donde prolifera la mentira, el abuso de poder, donde la escasez de todo interfiere en el bienestar del pueblo, donde sigue imponiéndose una ideología decadente y nula.

Cree que allá paz donde prolifera la idolatría a sectas satánicas, la astrología, el espiritismo, lo cual trae maldición a la sociedad.

Cuando leí el libro la historia me absorberá de Fidel Castro, encontré unas ideas maravillosas para un pueblo que sufría la tiranía de Fulgencio Batista y la sociedad capitalista; de modo que él pensó en la justicia social para defender a los más pobres y necesitados; lo único que Fidel siguió, las ideologías de algunos hombres y su sistema social, sus palabras proféticas se esfumaron como ideas empíricas. No confiéis en los príncipes, Ni en hijo de hombre, porque no hay en él salvación. 4 Pues sale su aliento, y vuelve a la tierra; En ese mismo día perecen sus pensamientos (Salmos 146: 3-4). De modo que cayó en una dictadura gobernada por más de cincuenta años, además hubiera sido una bella oportunidad que la nueva revolución se hubiese edificado con el respaldo y la sabiduría de Dios, pero hizo lo contrario; repudio la religión cristiana y se convirtió en idolatra del satanismo y el ocultismo, a pesar de ser un hombre preparado intelectualmente, que estudió muchos temas, nunca pudo encontrar al verdadero salvador y libertador de toda la humanidad: Jesucristo nuestro señor. Que tristeza, hubiera sido algo maravilloso haber guiado una nueva sociedad con el poder sapiencial; es decir la sabiduría dada por Dios, el creador de la sabiduría y de los preceptos más hermosos para convivencia humana; él como muchos otros se apartaron de Dios, creo que por ignorancia, desconoció al salvador y se unió con el malvado y enemigo del ser humano; Satanás que vino a mentir, dividir y matar, quizás ni lo conoce; pero es real, como usted y yo, usa cuerpos para manifestarse y hacer sus fechorías de destruir lo que es de Dios; todas las cosas y en especial a los que creen en Jesús nuestro salvador; pero déjame decirte que es un derrotado y ya tiene su destino, el infierno. Así como todos los que le sirven: Amén.

Surgiría una nueva nación por el bienestar de Cuba, científica y admirable para la supervivencia humana; no fue así, porque la revolución se convirtió en el retrato vivo de la ideología socialista, apartada de Dios.

Entre la responsabilidades del ciudadano es la de sostener el hogar, la familia, los hijos y mantenerse uno mismo, de manera tal que no falte lo necesario para seguir sobreviviendo, y mientras puedas superar los problemas económicos del país, y el bloqueo de otros países.

En particular pienso que una cosa es ser un heraldo desde la posición cómoda, directiva institucional para dirigir en el país, que ser un vivo ejemplo de la pobreza, el hambre, la delincuencia. Cuando muchos escuchábamos hablar a Fidel Castro, en muchas ocasiones nos dimos cuenta que el mismo se engañaba con los informes que dictaba, seguramente confeccionado por su equipo de trabajo; así mismo las informaciones que salían por la radio y la televisión eran promesas adulteradas, engañosa que enaltecen la esperanza del pueblo, pero luego se desvanecen; porque no son ciertas, ejemplo: Se informaba que se habían cumplido la fabricación de tantas toneladas de aceite en país, mientras que a nuestra bodega de alimentación planificada, faltaba el aceite por más de tres o seis meses. Incluso, sólo nos abastecíamos, porque había gente que lo vendían por el mercado negro, así todos los productos comestibles, como: el arroz, frijoles, huevos. Sin embargo, las bodegas preparadas por el gobierno que sólo vendían en divisa estaban abarrotadas de estos productos, aun de algunos que eran exportados, sus objetivos era captar dólares para mantener un sistema socialista, una ideología.

Sabe cuántas familias cubanas han pasado hambre y necesidades durante mucho tiempo, sabe cuándo los cubanos dejamos de comprar ropas, calzados y otras cosas en las bodegas; porque no había, debido al supuesto bloqueo económico. En medio de esa crisis económica surge entonces la responsabilidad de subsistir y ayudar a tu familia; devengando un salario de veinte dólares mensual, si es que logra cambiarlo en aquel entonces, o sea que el poder adquisitivo estaba muy por debajo de la demanda económica; por ejemplo, si usted iba a la bodega en divisa con veinte dólares a comprar un pantalón, el costo de este era de dieciocho. ¿Cuántos pantalones necesitaría para ir al trabajo, la escuela y otros?

Era sumamente duro para un trabajador cubano poderse mantener, debido a la crisis social, aquí es donde se proliferan nuestras necesidades físicas, materiales, económicas y espirituales; es aquí un lado débil donde podemos ser fácilmente engañados y usados por nuestro enemigo, para hacer el mal. Es decir, somos conducidos en procedimientos mañosos de Satanás, ejemplo: el robo, abuso de poder, juegos, prostitución, generando un deterioro de la personalidad del individuo y por tanto de la sociedad.

Durante mucho tiempo nuestro país ha sido históricamente influenciado a la creencia de ídolos, cosas que no le agradan a Dios. He cómo apartarse de la luz y vivir en oscuridad, el no saber, desorientado, ser un zombi.

Zombi: persona que se supone muerta y que ha sido reanimada por arte de brujería, con el fin de dominar su voluntad. {Tomado del Diccionario de la Real Academia Española}

Un país como el nuestro, que adoras imágenes, idólatra a hombre como Fidel Castro, trae consigo maldición, incapacidad y disolución, se puede observar con sus propios ojos; cuán destruido está nuestro país; de esto se dice, que es por culpa del bloqueo económico.

El mundo entero se ha apartado de Jesús. "El Redentor" el que tiene el control de este mundo; pero este mundo desconoce a su salvador y son manejados por el poder satánico; Dios prohíbe la idolatría con todo rigor.

No tendrás dioses ajenos delante de mí. 4No te harás imagen, ni ninguna semejanza de lo que está arriba en el cielo, ni abajo en la tierra, ni en las aguas debajo de la tierra. 5No te inclinarás a ellas, ni las honrarás; porque yo soy Jehová tu Dios, fuerte, celoso, que visito la maldad de los padres sobre los hijos hasta la tercera y cuarta generación de los que me aborrecen, 6 y hago misericordia a millares, a los que me aman y guardan mis mandamientos. (Ex 20:3-6; DT 5:7-10).

O sea que él puede salvarnos del mal si creemos en él, es necesario creer que él es, nuestra única solución para salir del camino al infierno.

Entonces ¿cómo puedo saber, si le sirvo al reino de las tinieblas o tengo manifestaciones satánicas? Hay diferentes formas de abrirle puerta al enemigo; ejemplo: en nuestros deseos carnales y tentaciones sexuales, como: la pornografía, el adulterio, la prostitución, la promiscuidad, el lesbianismo, fornicación, etc. Todo esto y mucho más, traen un deterioro de la personalidad del individuo y la sociedad; por lo tanto, Cristo está ahí para salvarte de toda iniquidad y malicia del enemigo de las tinieblas. Otras cosas que traen distorsión social, son las idolatrías y el culto a la personalidad a líderes, también la adoración a estatua o escultura, imágenes, lo que creen en la magia negra, la hechicería, la astrología; este último fue usado por mucho presidente para definir su gobierno como *George Washington,* presidente de los Estados Unidos. De manera que fueron engañados y maldecidos por buscar la dirección de otros dioses, desechando así la presencia divina de Dios; quien castiga con severidad, la desobediencia porque aborrece el pecado. Si un pueblo no vive creyendo en el único Dios verdadero (Jesucristo que reina y vive por siempre; el Alfa y la Omega, el principio y el fin), entonces ese pueblo vivirá en ruina, desolación, catástrofe, humillación, destrucción, escasez, hambre, miseria y engaño. Por tal motivo, pido a Jesús, que perdone nuestras ignorancias de vuestros malos caminos con verdadero arrepentimiento y busquemos la presencia del Dios Omnipotente y podamos alcanzar la salvación y la vida eterna. Amén (vea Hch 3: 19).

Toda la humanidad que vive alrededor de toda la tierra establecida por diferentes continentes, como: Europa, América, Asia, África, y Oceanía; en ellos podemos observar que tenemos culturas diferentes así como tradiciones, aun nuestra manera de pensar; por lo tanto, somos diversos. La pobreza de algunos se la culpamos a otros por su poder hegemónico. Sin embargo, aunque no deja de ser cierto, su raíz viene del reino de las tinieblas, este está en todas partes y su función es la misma en todas partes del mundo. Dios quiere que vivamos en amor y que nos unamos para crear un mundo de hermandad y fraternidad; entonces, la gloria de Dios se manifestará grandemente. Nosotros necesitamos que nos gobierne un vencedor no un derrotado; porque este enemigo que nos acecha, tiene sus días contados. Está profetizado que el diablo será lanzado al lago de fuego y azufre, donde estarán junto a él, la bestia y el falso profeta y serán atormentados día y noche por los siglos de los siglos (Ap. 20: 9- 10). Así que, regocijémonos en el Señor que nos libró de la muerte, para darnos libertad por siempre.

Jesús cumplió lo prometido en la cruz del calvario, la victoria definitiva del reino de Dios sobre Satanás para siempre; redimiendo con precio de Sangre inocente, a toda la humanidad y resucitando de entre los muertos, para destruir el pecado que nos tenía separado de la Gloria de Dios, a fin de salvar la raza humana (Ro 5: 18-19).

Tu no ha conocido el verdadero camino de salvación; pues Jesús te dice hoy: Yo soy el camino, y la verdad, y la vida; nadie viene al Padre, sino por mí (Jn 14: 6).

Jesucristo es el Rey por siempre.

Dios te bendiga y te de sabiduría en el conocimiento de su Palabra: Amén.

Printed in the United States
By Bookmasters